FICHA CATALOGRÁFICA

(Preparada na Editora)

Frungilo Júnior, Wilson, 1949-

F963u   *Um dia e uma noite : Madame Sorayde* /
Wilson Frungilo Júnior. Araras, SP, IDE, 1ª edição, 2015.

192 p.

ISBN 978-85-7341-669-5

1. Romance 2. Espiritismo. I. Título.

CDD-869.935
-133.9

Índices para catálogo sistemático:
1. Romance: Século 21: Literatura brasileira 869.935
2. Espiritismo 133.9

"MADAME SORAYDE"

ISBN 978-85-7341-669-5
1ª edição - setembro/2015

Copyright © 2015,
Instituto de Difusão Espírita - IDE

Conselho Editorial:
Hércio Marcos Cintra Arantes
Doralice Scanavini Volk
Wilson Frungilo Júnior

Projeto Editorial:
Jairo Lorenzeti

Revisão de texto:
Mariana Frungilo

Capa:
César França de Oliveira

Diagramação:
Maria Isabel Estéfano Rissi

INSTITUTO DE DIFUSÃO ESPÍRITA - IDE
Av. Otto Barreto, 1067 - Cx. Postal 110
CEP 13600-970 - Araras/SP - Brasil
Fone (19) 3543-2400
CNPJ 44.220.101/0001-43
Inscrição Estadual 182.010.405.118
www.ideeditora.com.br
editorial@ideeditora.com.br

Todos os direitos reservados. Nenhuma parte desta publicação pode ser reproduzida, armazenada ou transmitida, total ou parcialmente, por quaisquer métodos ou processos, sem autorização do detentor do copyright.

ide

coleção
UM DIA E UMA NOITE

WILSON FRUNGILO JR.

"MADAME SORAYDE"

Romance Espírita

SUMÁRIO

1
PAI SEBASTIÃO, 9

2
SOLANGE, 23

3
O CONVITE, 33

4
MÁRIO E ELOÍSA, 43

5
O ALMOÇO, 57

6
UM DIA E UMA NOITE (16h00), 65

7
SOLANGE E TIA ELOÍSA, 81

8
MADAME SORAYDE, 95

9
O SONHO, *107*

10
O SONHO II, *123*

11
O SONHO III, *133*

12
MADAME SORAYDE II, *141*

13
MADAME SORAYDE III, *153*

14
MAIS UM SONHO DE ELOÍSA, *161*

15
HENRIQUE ESCLARECE E ENSINA, *167*

16
UM DIA E UMA NOITE (21h00), *183*

1
PAI SEBASTIÃO

Era madrugada, e o jovem Henrique, vinte e seis anos, advogado, levantou-se para tomar um copo d'água na cozinha, quando, ao fechar a porta da geladeira e virar-se, deu de cara com um senhor negro, de idade avançada, barba, bigode, cabelos brancos, olhos brilhantes, olhar bondoso e franco sorriso nos lábios. De estatura mediana, trajava calças e camisa brancas, tecido grosso, como no tempo dos escravos. Nos pés, uma sandália, também do mesmo tecido.

Henrique, a princípio, levou um susto por vê-lo ali, parecia ter vindo do nada ou, quem sabe, tivesse entrado pela porta dos fundos que, inadvertidamente, poderia ter deixado aberta ao se recolher.

Mas, não – pensou o rapaz –, havia algo de diferente naquele homem, pois possuía um halo de luz, que teimava em se expandir, mas parecia, a ele, contido pelo próprio velho.

– Quem é o senhor? Como entrou aqui? Necessita de alguma ajuda? – perguntou Henrique, não muito concordante com as próprias palavras, pois já estava para chegar à conclusão de que era um Espírito que estava vendo ali, à sua frente.

Já lhe acontecera algumas vezes quando vira outros, apesar de que, de uma forma bem diferente. Não possuíam uma imagem tão firme como a que estava visualizando agora. Os que vira tremeluziam como se não tivessem muita energia para se tornarem visíveis a ele. Mas este não, pois lhe parecia que, se quisesse, poderia muito bem tocá-lo.

– Não precisa ter nenhum receio, meu filho, e você tem razão quando imaginou ser eu um Espírito já desencarnado, e há muito tempo. Meu nome é Sebastião, mais conhecido como "preto velho". Fui escravo em vida anterior e tenho procurado servir a Deus e a Jesus, apesar de muito timidamente ainda, pois estou aprendendo com a vida que o Pai nos oferece. Também não vejo necessidade de falar com você através do linguajar característico com o qual a maioria de nós somos conhecidos.

– Não tenho receio. Na verdade, neste momento, desejaria ajoelhar-me diante do senhor, mas penso que sua humildade não está permitindo que eu o faça, o que não me impede de lhe dizer que sua presença me traz muita paz, com certeza, fruto de sua elevação espiritual.

O velho aproximou-se mais, continuando a sorrir, e ajoelhou-se diante de Henrique.

– Sou eu quem deve se ajoelhar diante de você, filho.

– Por favor, não faça isso, meu irmão. Quem sou eu? Tenho muitos defeitos e o senhor denota grande elevação.

O "preto velho" riu baixinho, levantando-se, e lhe perguntou:

– E quem não os tem? Todos nós temos, não? Eu apenas me ajoelho diante de você porque devemos prestar nosso respeito a todo filho de Deus. E você é um deles, assim como eu.

Henrique estremeceu de emoção ao ouvir aquela explicação de Sebastião, prova de sua humildade, e pelo profundo ensinamento que ele lhe dera: o de que devemos considerar a todos como filhos de Deus, independentemente de seus deslizes e erros.

– E o que deseja de mim, Pai Sebastião? – perguntou Henrique. – Posso chamá-lo assim, não? Pelo menos é como costumam chamar aos "pretos velhos": de pai...

– Pode, sim, filho, apesar de que tenho idade suficiente, se considerada desde minha última encarnação, para ser seu tataravô, não? – respondeu, rindo gostosamente. – Agora, respondendo à sua pergunta sobre o que desejo, devo lembrá-lo de que, como já percebeu, sua mediunidade, mais precisamente a da vidência e a auditiva, vem se desenvolvendo a cada dia, não?

– Percebi, sim. Há alguns anos, venho me dedicando ao estudo da Doutrina Espírita e, há cerca de seis meses, participo de um trabalho no Centro Espírita, às terças-feiras, a fim de desenvolver a minha mediunidade, e tenho notado que ela vem se aflorando cada vez mais. Também tenho aprendido a controlá-la para que ela apenas me sirva como instrumento de servir ao próximo, quando for necessário. E somente me assustei um

13

pouco agora porque não esperava a sua visita, que foi um tanto repentina.

– Peço-lhe que me perdoe se o assustei, mas deverá também se acostumar, pois isso poderá vir a acontecer toda vez que o Plano Espiritual necessitar de seus préstimos.

– Eu compreendo, Pai Sebastião, e estou imaginando que isso não tenha ocorrido por um mero acaso e que, com certeza, o senhor tenha vindo me dizer que poderá haver algum trabalho para mim, não é? Faço-lhe essa pergunta porque sinto que assim deva ser. Poderia me adiantar alguma coisa?

– Somente poderei lhe adiantar que qualquer pessoa, tendo ou não o dom da mediunidade, pode e deve sempre auxiliar a um necessitado, bastando desenvolver, no coração, o amor ao próximo, que Jesus nos recomendou.

E, quando alguém se coloca nessa situação de bom samaritano, os Espíritos Benfeitores se encarregam de lhe encaminhar o irmão que sofre, no momento certo, na hora certa e na medida exata de suas possibilidades.

– Estou entendendo, Pai Sebastião. O que o senhor quer dizer é que deverei apenas estar atento a essas possibilidades e fazer o possível, utilizando as faculdades mediúnicas que me foram investidas pelo Plano Espiritual...

– É isso, Henrique. É evidente que, com essas faculdades, a sua cooperação será mais direcionada aos casos que digam respeito a elas. Você compreende, não?

– Sim, Pai Sebastião.

– Outra coisa, filho. Nunca deixe de rogar auxílio a Deus, a Jesus e aos Espíritos Benfeitores, através de uma oração, e, se acaso desejar, poderá solicitar minha humilde colaboração. E repito: procure agir com o coração, através da paciência, da compreensão e da bondade, a fim de que nunca venha a ser incomodado por Espíritos infelizes, que poderiam utilizar as suas faculdades mediúnicas contra você mesmo.

Eu me lembro de uma história, apenas para exemplificar, na qual um rapaz começou a trabalhar num açougue e seu patrão lhe deu o seguinte conselho: nunca deixe a faca sobre o balcão, para que um assaltante não o assalte com ela. Mantenha-a sempre num lugar seguro.

Assim também é com a mediunidade, filho. Mantenha-a sempre num lugar seguro.

— E que lugar seria esse? — perguntou o rapaz, apesar de imaginar o que o "preto velho" lhe diria, mas queria ouvir como ele iria explicar.

— É muito simples, filho. Mantenha-a protegida pelas forças do bom coração, da humildade e da simplicidade, nunca fazendo dela motivo de vaidade ou de outros sentimentos ou pensamentos menos puros.

— Procurarei nunca me esquecer disso, Pai Sebastião.

Nesse momento, Henrique ouviu a voz de dona Alba, sua mãe, que entrava na cozinha:

– Com quem você está conversando, Henrique? Com algum Espírito?

Pai Sebastião emocionou-se com a naturalidade da senhora, mãe do rapaz, viúva há pouco tempo e quem iniciara o filho no Espiritismo, ficando muito contente ao perceber que, além de ele ter se interessado profundamente pelo estudo da Doutrina dos Espíritos, acabou por desenvolver a mediunidade.

– Sente-se aqui, mamãe. Você não deve estar vendo, mas quero lhe apresentar um novo amigo do Plano Espiritual. Trata-se de um "preto velho".

– Deve ter sido escravo, não?

– Foi, sim, tanto que assim se traja, penso que pela sua humildade, e, hoje, por força de seu merecimento e do amor que tem às criaturas, é um trabalhador a serviço de Jesus. Ele é tratado por Pai Sebastião, maneira carinhosa com a qual é chamado.

E Alba, com os olhos voltados para o lugar em que imaginara encontrar-se o Espírito, dirigiu-lhe a palavra:

— Muito prazer, Pai Sebastião. E obrigada por vir conversar com Henrique. Ele é um moço muito bom.

O Espírito sorriu.

— Eu posso fazer uma pergunta para ele, Henrique?

O rapaz voltou o olhar para o Espírito que, fazendo um sinal, consentiu.

— Pode, mamãe.

— O senhor chegou a conhecer minha mãe, a senhora Ondina? Ela chegou a ser presidente do Centro Espírita que frequentamos. Não me leve a mal por lhe perguntar isso, mas é que ela desencarnou já há quatro anos e ainda não se comunicou...

A emoção chegou aos olhos do "preto velho", demonstrada claramente pelo repentino brilho nos olhos e por algumas lágrimas que neles brotaram ao sentir o grande amor que aquela senhora nutria pela mãe.

– Ele diz – falou Henrique – que já teve a oportunidade de estar com ela e que ela está muito bem e muito feliz com a senhora.

– E ela não pode vir até aqui, para que Henrique a veja e converse conosco? – perguntou ainda Alba.

– Pai Sebastião está informando que a vovó está sempre muito atarefada, tomando conta de algumas crianças do Plano Espiritual e que, com certeza, assim que puder, virá nos visitar.

– Quando o senhor a encontrar novamente, diga a ela que eu a amo muito. O senhor acredita que eu me encontro com ela durante o sono?

– Ele está dizendo que acredita, sim.

– Eu gostaria de lembrar melhor o que acontece quando estou com ela, mas, depois que acordo, apenas sei que isso acontece, ou me lembro de muito pouco.

– Ele diz que é assim mesmo, porque as lembranças ficam guardadas mais fortemente na mente do Espírito e muito pouco na do corpo – disse Henrique. – Mas que a senhora se lembra de tudo o que já aconteceu lá nas vezes anteriores quando se encontram durante o sono, na emancipação do Espírito, que é o nome como é tratado esse fenômeno.

A senhora Alba apenas se limitou a sorrir, conhecedora que era desse fenômeno tão comum.

Nesse momento, Pai Sebastião disse ao rapaz:

– Filho, agora tenho de ir. E não se preocupe em demasia na tentativa de encontrar oportunidades de utilizar o seu conhecimento e suas faculdades mediúnicas. Como lhe disse, elas surgirão, trazidas pela vida e acompanhadas pelos Espíritos Benfeitores. Na verdade, serão não só oportunidades de fazer o bem, mas também ocasiões em que terá o ensejo de divulgar a Doutrina dos Espíritos e os ensinamentos de Jesus, única forma segura e infalível para se encontrar a felicidade.

– Eu agradeço imensamente a sua visita, Pai Sebastião, e principalmente as suas orientações. Irei fazer o possível para corresponder à sua confiança.

– Deus confia em todos os Seus filhos, pois dia virá em que todos viverão, por fim, em paz e fraternalmente. Até qualquer dia, filho. Que Deus nos abençoe.

– Até mais. Que Deus nos abençoe.

– Ele foi embora, filho?

– Já. Pai Sebastião deve ser um Espírito muito ocupado.

E Henrique acompanhou a mãe até a cama, ajeitou seu travesseiro e sua coberta, deu-lhe um beijo na testa e, pedindo-lhe a bênção, retornou ao seu quarto.

2
SOLANGE

Na manhã seguinte, Solange, psicóloga, filha única, almoçava com seus pais: seu Gonçalo, bem-sucedido comerciante, e dona Madalena, sua mãe. Terminara o turno matutino em sua clínica, a tempo de poder passar algumas horas com eles, e conversava animadamente.

Apesar de ser uma moça bastante expansiva e alegre, seus pais nunca a tinham visto tão feliz como naqueles dias, pois ela e Henrique, seu noivo, haviam marcado a data do casamento para dali a três meses.

Essa data, tão importante, fora determinada por eles havia apenas dois dias, e dona Madalena se encontrava um pouco ressentida pelo fato de essa resolução apenas ter sido informada pelos dois, de uma maneira bastante informal. No seu sonho de mãe, faltara uma comemoração, um jantar para os amigos, ocasião em que seria feito o pedido ao pai da noiva.

Seu Gonçalo, por sua vez, não se importava com isso, pois conhecia bem Henrique, sabia de sua seriedade e de seu amor por Solange, o que, para ele, já era mais que suficiente, além de saber que os jovens de hoje agem diferentemente dos de seu tempo. De qualquer forma, sentira mais pela esposa, uma mulher extremamente romântica e sempre pronta a festejar os menores acontecimentos.

– Solange – disse dona Madalena, durante a sobremesa –, ainda não consegui me conformar com o fato de vocês marcarem a data do casamento assim, de uma maneira tão simples. Mas o pior de tudo é que, quando você e o Henrique nos informaram sobre isso, penso que não consegui disfarçar a minha insatisfação e acho que ele deve ter ficado um pouco magoado, afinal de contas, quedei-me em profundo silêncio e...

– Por que não o convidamos e a dona Alba para passarem uma tarde conosco? – sugeriu seu Gonçalo. – Eles poderiam almoçar aqui e depois poderíamos sair para um passeio pelos arredores da cidade ou mesmo ir ao clube. Ou, então, simplesmente, ficaríamos conversando e tratando dos preparativos para o casamento. Essa seria uma oportunidade para você, querida, desfazer esse mal-estar. O que acham?

– Acho uma ideia muito boa, papai.

– Seria uma ótima oportunidade, sim –

disse, suspirando, a mulher. – E, por favor, minha filha, perdoe a sua mãe. Às vezes, ajo como uma adolescente.

– Todos gostamos dessa sua maneira de ser, mamãe, sempre alegre, entusiasmada com tudo, festiva mesmo – disse Solange, divertindo-se com aquilo. – E não precisa me pedir que a perdoe. Na verdade, conhecendo-a como conheço, deveria ter pensado nisso. Henrique também reconhece que fomos um tanto indelicados agindo assim.

Seu Gonçalo sorriu satisfeito, vendo que mãe e filha se davam tão bem e a tudo resolviam com muita paciência e desprendimento uma para com a outra. E, aproveitando o assunto, expôs o seu pensamento, adiantando o que, certamente, Madalena iria mencionar.

– E poderíamos aproveitar essa oportunidade para combinarmos como organizaremos o casamento, a festa, porque, com certeza, disso sua mãe não irá abrir mão, não é, querida?

A mulher olhou para a filha com uma expressão de quem desejaria que ela concordasse e respondeu, visivelmente aflita pela resposta:

– É... Eu sempre sonhei em casar minha filha como uma princesa... Você entende, não é, Solange?

– Tudo bem, mamãe. Apenas devo lembrá-la de que Henrique não teria como arcar com as despesas de uma grande festa como imagino a que a senhora deseja realizar. Havíamos combinado em fazer tudo muito simples. Ele até mesmo já tem os recursos guardados para a viagem e tudo o mais.

– Bem... – interveio seu Gonçalo. – Poderíamos combinar o seguinte: a viagem ficaria por conta dele, bem como esse tudo o mais a que você se refere, mas a festa e a decoração da igreja ficariam por nossa conta, afinal, trata-se de um capricho de nossa parte. E esse seria o nosso presente de casamento. O que acha, filha?

— Por mim, tudo bem, mas preciso falar com ele primeiro. E não precisam se preocupar com isso. Henrique é bastante compreensivo e saberá compreender. Até já lhe disse que, com certeza, vocês iriam querer que nós nos casássemos na igreja, e ele, apesar de ser espírita, disse não possuir nenhum tipo de preconceito, pois entende ter maior valor o que se passa no coração de cada pessoa; que o mais importante é sermos cristãos, independentemente da religião que professarmos.

— Amanhã é feriado — disse o pai —, e já poderíamos convidá-los a virem almoçar conosco, ele e dona Alba. O que acha, filha? E você, Madalena?

— Pois vou agora mesmo falar com a Zélia para ver se dá tempo de preparar um almoço a contento.

Zélia é cozinheira há muitos anos, sendo considerada pelos três como um membro da família, assim como Nanda, a governanta, que se incumbe de todas as providências daquela enorme casa, localizada num dos bairros ricos da cidade grande, capital do Estado.

Madalena conversou com as duas e retornou, alegre e entusiasmada, para a sala de refeições, informando:

– Tudo combinado. Quando você poderá convidá-los, Solange?

– Bem... Vou fazer o seguinte: telefonarei para Henrique falando sobre a ideia e irei até a sua casa para convidar dona Alba. Penso que seria melhor eu fazer pessoalmente esse convite para a sua mãe.

– Você tem razão, filha – concordou a mãe.

– Também penso assim – disse o pai.

– E não poderia já falar com ele a respeito das nossas ideias sobre as festividades do casamento? – perguntou ainda dona Madalena.

A moça sorriu diante da preocupação da mãe e concordou:

– Na verdade, mamãe, eu até já conversei com ele a esse respeito, dizendo que a senhora, com certeza, iria querer fazer do nosso casamento um acontecimento social.

– E ele?!

– Henrique riu e concordou, dizendo que, por ele, tudo seria muito simples, mas que ele se rende à sua vontade, afinal, vontade de mãe, disse, é uma ordem.

– Mas você falou que nós arcaríamos com as despesas desse capricho? – perguntou seu Gonçalo, preocupado.

– Falei, papai.

– Ele não ficou com o orgulho ferido, filha?

– Henrique não se deixa levar pelo orgulho nunca, mamãe. Apenas comentou que não haveria necessidade de se fazer uma grande festa, porém, se for de sua vontade, ficaríamos muito felizes também.

– Que bom! Sinto-me mais tranquila e já peço licença para iniciar os preparativos para esse grande evento.

E seu Gonçalo e Solange riram muito do entusiasmo de Madalena.

– Bem, vou telefonar para Henrique e convidá-lo para o almoço de amanhã.

Quando Solange saiu, dona Madalena disse ao marido:

– Gonçalo, estou tão feliz!

– Eu também. Gosto muito desse moço e o considero como a um filho.

– Sabe, querido, apenas me preocupo um pouco com a nossa filha.

– Por que, Madalena?

– Eu não consigo entendê-la e já lhe disse isso. Solange poderia muito bem ter cursado

Administração ou Direito para poder continuar com os seus negócios, afinal de contas é a única filha.

– Se ela quis cursar Psicologia é porque ama esse trabalho, e sabemos que isso é verdadeiro. Veja com que empenho ela se dedica ao que faz.

– Mas... e os seus negócios?

– Eu já pensei nisso, querida, e pretendo, com o tempo, iniciar Henrique nessa ocupação. Ele é um bom advogado e, com certeza, irá aprender a lidar com o comércio. Tudo será apenas uma questão de tempo.

– E se ele não concordar?

– Não se preocupe, Madalena, vamos dar tempo ao tempo.

– Tudo bem. Vamos dar tempo ao tempo.

3
O CONVITE

Eram quase quatorze horas quando Solange estacionou próximo do escritório de advocacia onde seu noivo trabalhava e, descendo do carro, dirigiu-se ao saguão do prédio comercial para apanhar o elevador.

O recepcionista, vendo-a, chamou-a:

– Boa tarde, Solange.

– Boa tarde, senhor Luiz, será que Henrique está em sua sala?

– Penso que não, pois o vi saindo há cerca de duas horas, com sua pasta. Deve ter ido ao Fórum ou a algum Cartório.

– É... Eu liguei várias vezes e a secretária me informou que, realmente, ele teria ido ao Fórum, mas, como estava passando por aqui, resolvi dar uma verificada.

– Em todo o caso, vou ligar para a sua sala.

E, dizendo isso, o homem ligou e passou o aparelho para Solange, que foi informada, pela secretária, de que o rapaz ainda não retornara, mas que não iria demorar.

– A senhora quer subir e esperar por ele? Posso lhe servir uma água, um café – ainda perguntou e ofereceu a funcionária.

– Infelizmente não posso esperá-lo, pois tenho cliente daqui a meia hora na minha clínica.

– Eu direi a ele que a senhora veio à sua procura.

– Diga-lhe que lhe telefonarei mais tarde e, por favor, não precisa me chamar de senhora – completou, sorrindo.

– Pode deixar, Solange.

– Boa tarde, então, e obrigada.

– Boa tarde... Solange – respondeu a secretária, divertindo-se.

✳ ✳ ✳

C‍HEGANDO À CLÍNICA, S‍OLANGE achou melhor ligar para dona Alba, a fim de lhe dizer sobre o almoço, pois achou que seria muito indelicado convidá-la somente à noite, de última hora. Se tivesse se encontrado com Henrique, ela pediria que avisasse sua mãe e que ela iria à noite a sua casa para fazer esse convite pessoalmente.

Também não costumava ligar para o telefone celular do noivo, pois ele poderia estar muito ocupado com algum cliente, costume esse também seguido por ele, pelo mesmo motivo.

– Alô! Dona Alba?

– Ela mesma.

– Sou eu, Solange.

– Oi, minha filha, como vai? Que alegria falar com você, minha futura nora.

– Eu estou muito bem. E a senhora?

– Otimamente bem, Solange. Pode falar o que deseja.

– Eu gostaria de lhe fazer um convite, dona Alba. Ainda não consegui conversar com Henrique, mas sei que ficará muito contente.

– Um convite?

– Eu, mamãe e papai queremos convidá-la para, junto com Henrique, ir almoçar em minha casa amanhã.

– Almoçar em sua casa? Alguma comemoração?

– De certa forma, sim. Eles querem comemorar a nossa decisão, minha e de Henrique, de contrairmos matrimônio daqui a três meses. E também para conversarmos sobre como será realizado o casamento.

– Henrique me disse que seria tudo muito simples, mas que talvez sua mãe queira fazer uma grande festa.

– E deseja mesmo, dona Alba. Eu pretendo ir, hoje à noite, à casa da senhora para conversarmos melhor, mas achei que deveria lhe fazer esse convite com antecedência.

– Bem, eu irei, sim. Irei com meu filho. E foi bom ter me avisado, pois preciso dar um jeito em meus cabelos, talvez uma pintura nas unhas.

– Não precisa se preocupar com isso, dona Alba. Somos todos muito simples e será um almoço também simples e informal. E fico muito contente por ter aceitado o convite. Vou tentar novamente falar com Henrique e, à noite, irei até sua casa.

— Venha, sim, Solange. Será um prazer recebê-la.

— Até mais, então.

— Até a noite.

* * *

Mais tarde, Solange ligou novamente para o noivo e, desta feita, conseguiu seu intento.

— Alô! Henrique?

— Oi, Solange. Minha secretária me disse que você esteve aqui.

— Sim, mas você tinha saído.

— Fui até o Cartório e, depois, até o Fórum e não liguei para você porque temia interromper o seu trabalho. Trabalhou bastante hoje?

– Sim, e estou contente por isso. Falei, há pouco, com sua mãe e pretendo ir, hoje à noite, em sua casa.

– Já sei. Vai pedir a minha mão em casamento. Isso é trapaça – brincou Henrique. – Está querendo ser melhor do que eu, pois não pedi a sua ao seu pai, não é?

Solange riu com a brincadeira e disse:

– Não é nada disso, seu tolo. Pretendo fazer pessoalmente um convite para sua mãe, apesar de já o ter feito por telefone. Convidei-a para almoçar em casa amanhã. Convite meu e de meus pais, aliás, a ideia partiu deles.

– Ah, agora estou entendendo: vai à minha casa convidar minha mãe para almoçar em sua casa e não me convida. Além do que a ideia não foi sua. O que é isso? Uma conspiração? Um complô contra mim? – continuou a brincar o rapaz.

– Não é nada disso. Primeiro, quis convidar dona Alba, agora o convido. Você aceita? Sua mãe já aceitou.

– É lógico que aceito. Se a minha mamãe vai, vou sentir-me protegido.

E os dois caem na risada.

– A propósito, minha mãe adorou saber que já havíamos conversado sobre a possibilidade de ela querer fazer uma grande festa e que você concordou.

– E você lhe falou que não temos condições de colaborar e que a nossa ideia seria a de fazer um casamento bem simples?

– Falei, Henrique, e está tudo bem. Papai achou que, se mamãe quer que seja assim, nada mais justo é que eles arquem com as despesas. Sem nenhum problema. Inclusive, admiraram o fato de você não se sentir com o orgulho ferido por isso, e até ter sido bastante compreensivo.

– Fico contente por isso, Solange. E como

faremos hoje à noite? Posso passar em sua casa e levá-la até a minha. Depois, levo-a de volta.

– Posso ir com o meu carro.

– Prefiro ir apanhá-la, querida. Não gosto que dirija sozinha à noite.

– Às vinte horas, está bom para você?

– Está ótimo. Passarei em sua casa.

– Até mais, então, Henrique.

– Até mais, Solange.

form
4
MÁRIO E ELOÍSA

Na manhã seguinte, em outro ponto da cidade...

— O que é que está acontecendo com você, Eloísa?! Por acaso, tem outro homem nessa história de separação?! Só pode ter porque não é possível, de uma hora para a outra, você querer se separar de mim!

– De uma hora para outra?! Já faz mais de uma semana que estou tentando fazê-lo entender que não dá mais para vivermos juntos!

– Mas por que, mulher?! Responda! É só o que lhe peço! Quero saber de toda a verdade! Quem é ele?! Eu o conheço?!

Mário Sérgio já não conseguia mais se controlar, começando a gritar, coisa que ainda não havia feito nesses mais de trinta dias de agonia e discussões constantes entre ele e a esposa, cada vez mais disposta a romper o seu relacionamento de quase quarenta anos.

Possuíam dois filhos, Mário Lúcio e Denise, ambos casados, e três netos. Até então, os filhos não sabiam nada sobre o problema difícil que se abatera naquele lar.

Se soubessem, não iriam compreender, assim como o pai, pois ele e a esposa sempre formaram um casal cheio de romantismo e de cumplicidade. Mário Sérgio era médico consagrado na área da gastroenterologia, dedicadíssimo ao trabalho e à esposa, que, sempre solícita e também extremamente dedicada à família, era o que se poderia considerar como porto seguro do marido e dos filhos.

Administrava, com esmero e alegria, a rica mansão em que vivia com o esposo, bondosa com os empregados, além de colaboradora de uma organização filantrópica que se prestava a auxiliar os mais necessitados de toda ordem.

Frequentava as altas rodas da sociedade paulistana, sendo muito admirada pelo grande número de amigos, sempre solicitada a comparecer, juntamente com o marido, a jantares e festas, muitos dos quais organizados por ela.

O casal chegava a ser invejado pela elegância com que se portava, mais notadamente como exemplo de um casamento bem-sucedido na vida e no relacionamento conjugal.

– Não há homem algum envolvido no meu problema, Mário! O que está acontecendo você não irá saber nunca, é coisa minha! Já lhe disse isso e estou repetindo pela última vez!

– Você tem de me dizer, Eloísa! Não pode se separar de mim sem ter uma explicação. Além do que, o que irei dizer aos meus amigos, aos meus companheiros de trabalho?!

– Você e seus amigos...! O que vai dizer...! Pois não diga nada! Não quero e não posso mais viver junto a você! Não posso, entende?!

E Eloísa não somente gritava como gesticulava, endoidecida.

Os empregados da casa, que haviam acabado de chegar, com exceção da cozinheira, que morava ali, encontravam-se, naquele momento, reunidos na cozinha, um pouco distante da sala, onde o casal se encontrava, mas dava para ouvirem o que discutiam aos gritos.

Não tinham a menor ideia do que poderia

estar ocorrendo, só temiam pelo próprio futuro. Também já não aguentavam mais toda aquela discussão, que se arrastava por dias e dias.

Mário já havia começado a faltar ao trabalho, desmarcando consultas e cirurgias ou transferindo-as a colegas da área.

– O que vamos fazer, José? – perguntou a cozinheira ao motorista da família. – Ainda vai acabar acontecendo uma desgraça.

– Temo que venha a sair morte, Maria das Graças – comentou Helena, responsável pela arrumação e limpeza da casa, em voz baixa.

Também ali se encontravam Glória, a copeira, e Alcides, o mordomo, além de Sônia, a governanta.

E a discussão continuava acalorada, até que Mário procurou se controlar um pouco, percebendo que, com gritos, nada poderia ser resolvido.

"Talvez – pensou –, com um pouco de calma

e humildade de minha parte, nós consigamos conversar melhor."

E assim o fez:

– Eloísa, por favor, eu lhe peço, imploro mesmo, vamos tentar conversar com mais tranquilidade. Já entendi que você não quer mais conviver comigo. Tudo bem. Mas vamos fazer o seguinte: sente-se nessa poltrona e eu me sento nesta daqui, a uma boa distância. Certo?

A mulher o encarou, com uma expressão de medo no semblante, e sentou-se.

"Meu Deus! – pensou Mário. – Ela parece estar com medo de mim! Uma expressão que nunca vi em toda a minha vida!"

– Você quer conversar, vamos conversar, mas fique aí. Não se aproxime... – impôs Eloísa.

– Tudo bem, vou permanecer aqui, e, por favor, Eloísa, tenha calma. Já que você quer, eu vou embora. Vou para um hotel, até que eu possa entender o que está acontecendo, mas você terá que dar alguma explicação aos nossos filhos. Vou sair de casa porque percebo que está muito nervosa e a ponto de entrar num estado psicótico.

– Psicótico?

– Deixe-me falar, Eloísa. Assim que eu terminar, vou fazer uma mala com o que me for mais necessário no momento, e irei embora. Eu lhe prometo, mas antes, imploro-lhe, deixe-me falar. Só ouça.

– Fale, Mário.

– Imagino que alguma coisa de muito grave deve ter acontecido para que você me trate dessa maneira, até porque, percebo medo em seus olhos.

– Estou com medo, sim, mas não posso lhe dizer nada.

– Tudo bem – continuou o homem, procurando manter a calma e a serenidade, pois percebera que nada resolveria com mais discussões.

– Sinceramente, acredito em você quando afirma que não há outra pessoa envolvida nisso tudo.

– E não há mesmo. Não há nenhum outro homem. Nunca o traí e, se fosse por esse motivo, eu lhe teria dito.

– Acredito, Eloísa, pois a conheço.

– Então, não me acuse mais disso.

– Certo. Agora, devo lhe dizer que é difícil aceitar essa sua... como posso dizer...? Essa sua indisfarçável ojeriza por mim, como se eu fosse um assassino, um criminoso mesmo.

Eloísa não pôde disfarçar um estremecimento nos ombros quando o marido disse isso.

– Mas penso também que você deveria procurar um médico da área psiquiátrica.

– Eu não estou louca, Mário!

– Eu não disse isso. Apenas percebo que você se encontra muito alterada. Por favor, entenda o que estou querendo lhe dizer. Você não está louca, mas precisa de um tratamento.

– Não preciso de tratamento.

– Certo, mas, agora, ponha-se no meu lugar, procurando pensar como eu estou pensando. Há pouco mais de uma semana, estávamos bem, até fazendo planos para uma viagem. De repente, no meio da noite, madrugada, você acordou sobressaltada, saltou da cama, apanhou seu travesseiro, uma coberta, e correu para um dos quartos de hóspedes. Assustei-me e fui atrás, e qual não foi a minha surpresa quando me deparei com a porta do quarto trancada por dentro.

Eloísa ficou a olhá-lo, mostrando sinais de impaciência, parecendo ansiosa para que o marido acabasse com aquela conversa e fosse embora.

– Chamei por você, e apenas me implorou que a deixasse sozinha, dizendo que, no outro dia, conversaríamos. Voltei para o nosso quarto, mas não consegui dormir, e, então, resolvi tentar mais algumas vezes, voltando e rogando-lhe para que abrisse a porta.

– Eu queria ficar sozinha.

– Era o que dizia a cada vez que eu insistia,

e só não arrombei a porta porque me respondia isso, pois se tivesse ficado muda, eu colocaria a porta abaixo.

– Morri de medo disso – disse a esposa, agora parecendo muito cansada.

– E, depois dessa noite, você passou a se recolher cedo, sempre naquele quarto, e, desde então, vem falando sobre separação, escondendo-se de mim, às vezes trancando-se no banheiro pelo tempo em que eu aqui permanecia. Por dois dias seguidos, quando sabia que viria almoçar em casa, você saía, só retornando quando eu partia.

– Eu não suporto mais a sua presença, Mário... Nem a sua voz e tenho medo de você.

– E não pode me explicar o porquê?

– Não. Pode ser perigoso.

– Perigoso?

– Você já falou tudo o que queria? Se falou, vá fazer as suas malas.

– E quanto aos nossos filhos?

– Vou conversar com eles. Não hoje, porque estão viajando. Até por isso, pela ausência deles, estou apavorada.

Mário, então, percebeu que sua esposa deveria estar muito doente e que necessitava urgentemente de um tratamento psiquiátrico. Por esse motivo, resolveu não insistir mais com ela e, visivelmente abatido, dirigiu-se até seu quarto para arrumar as malas.

Em pouco mais de vinte minutos, apanhou uma mala e nela colocou algumas peças de roupas, alguns pertences pessoais, documentos, um retrato da esposa que se encontrava sobre uma cômoda, e saiu.

Passando pelo quarto que Eloísa usava para dormir, entrou apenas para sentir o perfume feminino que dali exalava. Quando já estava saindo do cômodo, até sabendo que a esposa, com certeza, não mais estaria na sala para se despedir, momento em que poderia verificar se, no seu olhar, haveria algum quê de esperança para aquela situação, percebeu um cartão de visita caído no chão, debaixo de uma penteadeira.

Abaixou-se e o apanhou. E qual não foi sua surpresa ao lê-lo:

Madame Sorayde

Conheça o seu passado em vidas anteriores e ilumine o seu presente, abrindo novos caminhos.

Consultas com hora marcada. Sigilo total.

E, abaixo, o telefone e endereço.

"Mas o que é isso, meu Deus? Será que Eloísa resolveu ir atrás dessas coisas? – pensou. – Será que...?"

Mário coçou a cabeça, gesto utilizado por ele sempre que necessitava pensar na solução para algum problema.

"Será que isto teria alguma ligação com tudo o que está acontecendo?"

Pensando nisso e colocando o cartão no bolso, desceu para a sala. Realmente, a esposa não mais se encontrava lá, apenas a governanta que, vendo-o com uma mala em uma das mãos, disfarçou o olhar para não parecer bisbilhoteira.

– Sônia, você viu minha esposa?

A mulher, com indisfarçável olhar de comiseração pelo patrão, não conseguiu mentir e dizer que não sabia, então lhe respondeu:

– Ela saiu, Dr. Mário, mas não disse para onde estaria indo.

– Obrigado. Até mais.

– Até mais, doutor.

"E que seja logo" – pensou a governanta, bastante entristecida com tudo aquilo que estava ali acontecendo, persignando-se. – "Parece coisa do cão" – exclamou intimamente, fazendo mais uma vez o sinal da cruz, como que para se proteger.

5
O ALMOÇO

NAQUELE MESMO HORÁRIO, NA CASA DE Henrique, sua mãe cuidava dos afazeres do dia, lavando as louças que utilizara na noite anterior, quando Solange lá estivera para convidá-la para o almoço e acabara jantando com eles.

Depositou algumas peças de roupa na

máquina de lavar, varreu toda a casa, tomou um banho e foi para o quarto a fim de se arrumar para ir com Henrique à casa da futura nora.

Por sua vez, o rapaz se encontrava em seu quarto, escolhendo a roupa que usaria.

– Mamãe, estou pensando em usar uma calça *jeans* e uma camiseta com gola. O que acha?

– Acho uma boa ideia. Chega de terno e gravata do dia a dia, não? E Solange disse tratar-se de um almoço bem informal, e que, talvez, saíssemos com eles para algum passeio. E você deveria usar também aquele tênis novo que comprou.

O rapaz ficou pensativo.

– Não ficaria melhor com este sapato de lona? Quase não o usei ainda.

– Você tem razão. Vai ficar melhor, sim.

– É assim que irei, então – respondeu, decidido. Sentia necessidade de impressionar os pais de Solange, mas, ao mesmo tempo, achava que deveria mostrar-se como era, pois não queria aparentar uma realidade que não condizia com suas atitudes. Sempre gostara de se vestir esportivamente quando não estava trabalhando. Sentia-se melhor assim e mais à vontade.

Também não queria causar uma impressão falsa. Talvez, até mesmo seu Gonçalo poderia estar vestido informalmente, além disso, ainda era moço e o que importava era que a noiva apreciava que se portasse como tal.

Dizia ela que ele ficava muito sério quando se trajava com terno e gravata e que isso só era bom quando no uso de suas funções como advogado. Até chegava a lhe despentear os cabelos quando saíam para passear.

Nesse momento, sua mãe cortou-lhe os pensamentos:

– Henrique, eu estava pensando... Não seria bom você levar um buquê de flores para dona Madalena?

– E para Solange?

– Penso que deveria levar apenas para a mãe dela. Isso fará com que aumente a importância da lembrança. Para sua noiva, você dá num outro dia.

– Bem lembrado, mamãe Podemos sair um pouco mais cedo e parar numa floricultura que há no meio do caminho.

– Isso mesmo.

FALTAVAM DOIS MINUTOS para as doze horas quando a campainha tocou na casa de Solange.

A porta foi aberta pela governanta Nanda que, ao ver dona Alba, esqueceu-se das regras de conduta que fazia questão de seguir, apesar de não serem exigidas por seus patrões, e a abraçou, com muito carinho.

– Dona Alba, como a senhora está bem! Mas... vamos entrar. Por favor, Henrique, queiram me seguir até a sala de estar.

E, no pequeno trajeto, a mulher disse a dona Alba:

– Já passei a receita que me deu à Zélia, e sabe que ficou uma delícia de bolo?

– Pois vou lhe passar mais uma, desta vez de uma torta salgada. Você vai ver...

Entretanto, pouco tempo tiveram de continuar falando sobre o assunto porque, prontamente, surgiram na sala dona Madalena, seu Gonçalo e Solange, que os abraçaram efusivamente, como se já fizessem parte da família.

– Vamos nos sentar – convidou dona Madalena – para conversarmos um pouco. Sente-se aqui perto de mim, Alba.

E passaram a trocar algumas impressões sobre a vida, os problemas da cidade grande e, principalmente, sobre o grande acontecimento que estava por acontecer dentro de três meses, falando sobre detalhes até que o almoço fosse anunciado pela governanta.

Durante a refeição, a conversa ficou mais festiva, tendo em vista os planos de dona Madalena sobre o casamento da filha, divertindo a todos com o seu entusiasmo e alegria contagiantes. E mais novidades foram surgindo à medida que Henrique foi gradativamente se envolvendo com a ideia da festa que os esperava, a ele e a Solange. Falou ainda de seus pequenos sonhos e aspirações, assim como Solange discorreu sobre como seria a vida em comum dos dois.

Terminado o almoço, todos retornaram à sala de estar, e seu Gonçalo, empolgado que era com o seu trabalho, passou a envolver Henrique, falando-lhe, como sempre, de como começara naquele empreendimento, mostrando, inclusive, um álbum de fotografias sobre o desenvolvimento de seu comércio. Dona Madalena, por sua vez, mais como uma brincadeira, resolveu também relatar um pouco de sua vida, mostrando, para dona Alba, alguns álbuns de família, passando pelo nascimento da filha e pelas diversas festas de seus aniversários, bem como muitas das viagens feitas pela família.

Alba se deliciava e se divertia com tudo aquilo, vez ou outra externando que sempre tivera desejo de conhecer Portugal.

– Um dia, nós a levaremos, dona Alba – prometeu Solange.

– E olhem que eu vou, sim!

E Henrique, diante da empolgação da mãe, limitava-se a sorrir.

6
um DIA e uma NOITE
(16h00)

Por volta das dezesseis horas, o telefone tocou, e Nanda foi atender, trazendo-o imediatamente ao seu Gonçalo.

— Senhor Gonçalo, é seu cunhado.

— Mário?

— Isso mesmo.

– Com licença, Henrique.

– Fique à vontade, seu Gonçalo.

Mas antes mesmo que o homem terminasse de se levantar do sofá, o cunhado deve ter lhe dito algo de muita importância, pois, franzindo o cenho, exclamou:

– O que aconteceu, Mário?!

– O que foi, Gonçalo? – perguntou dona Madalena, preocupada, pois vira a expressão do marido, que lhe acenou com as mãos, pedindo que aguardasse.

– Você saiu de casa e está indo para um hotel, Mário?! Mas...

Do outro lado da linha...

– Estou desesperado, Gonçalo. Parece que Eloísa... eu não entendo nada disso, mas... parece que ela está possuída por um Espírito ou coisa parecida. Já faz mais de uma semana que ela se encontra... como posso dizer? Parece que adquiriu um pavor de mim... Dorme num dos quartos de hóspedes, com a porta trancada. E eu, antes de sair, encontrei lá no quarto mesmo um cartão de uma madame... E...

– De uma madame? Como assim?

– É... Aqui diz... no cartão... meu Deus, nem consigo raciocinar direito... "Madame Sorayde... Conheça o seu passado em vidas anteriores e ilumine o seu presente, abrindo novos caminhos. Consultas com hora marcada. Sigilo total."... Acho que o que está acontecendo com Eloísa deve ter alguma ligação com isto – respondeu o cunhado de Gonçalo, muito nervoso.

– Por favor, Mário, acalme-se. Onde você está agora?

– Nem sei direito... Estou falando com você no telefone celular e dirigindo... Eu fui obrigado a fazer as malas e sair de casa... Eloísa não me quer mais, nem ouvir a minha voz, disse ela... Disse ter medo de mim... Nem permite que eu me aproxime... Para poder conversar com ela, tive que me manter a distância... Mas não sei por quê... Ela disse que nunca vai me dizer... E não sei o que fazer. Eu estava tentando ir até um hotel... mas não estou conseguindo raciocinar... Fiquei boas horas sentado numa praça, sem saber o que fazer, até que resolvi, realmente, procurar por um hotel.

— Pois estacione o carro. Você não se encontra em condições de dirigir e diga-me onde está. Eu irei ao seu encontro.

— Espere — disse o homem —, penso que devo estar próximo de sua casa. É isso mesmo. Estou parado num semáforo perto daí...

— Consegue vir até aqui?

— Consigo... não queria envolvê-lo nisso, mas não sei o que fazer...

— Venha até aqui. Irei aguardá-lo na frente de minha casa.

— Está bem. Até mais.

E Gonçalo desligou o telefone.

– O que aconteceu? – perguntou dona Madalena. – Era meu irmão?

– Sim, ele está chegando, e eu vou esperá-lo lá embaixo.

– Ele não disse o que está ocorrendo? Alguém está doente ou coisa pior? Você disse ao telefone que ele não se encontra em condições de dirigir.

– Ninguém morreu e também não há ninguém doente, quer dizer... Bem, ele vai nos contar melhor.

– O senhor precisa de alguma coisa, seu Gonçalo? – perguntou Henrique.

O homem olhou para o rapaz e teve um lampejo, dizendo:

– Por favor, venha comigo, Henrique. Eu acho que vamos precisar de sua ajuda, sim.

Nesse instante, o rapaz percebeu a presença de Pai Sebastião que, olhando-o fixamente, endereçou-lhe um meneio positivo com a cabeça.

– "Vai, filho, é com você agora" – disse-lhe o "preto velho".

E os dois foram ao encontro de Mário Sérgio, cunhado de seu Gonçalo.

Ainda na casa...

– Aonde Henrique foi? – perguntou dona Alba, que pouco se apercebera o que estava acontecendo, apenas notando a saída do filho com seu Gonçalo.

– Ele já volta – respondeu Solange. – Eles foram se encontrar com meu tio, que está chegando.

– Você teria uma ideia do que está acontecendo com o Mário, Solange? – perguntou a mãe.

– Não faço a mínima ideia, mamãe. Pelas palavras de papai, tio Mário deve estar sentindo alguma coisa. Ouvi papai falar que ele não estava em condições de dirigir, e antes ele perguntou se estava indo para um hotel...

– Falou também numa madame...

– Vamos esperar. Daqui a pouco, estarão aqui.

– E disse que achava que iria precisar da ajuda de Henrique.

– Deve ser porque talvez necessite amparádo.

Solange olhou para dona Alba e lhe explicou:

– Tio Mário é irmão de mamãe. Penso que Henrique ainda não o conhece, pois nunca deu certo de se encontrarem. Ele e titia viajam muito.

– Mário Sérgio! – exclamou dona Madalena, abraçando-o. – O que está acontecendo? Percebi Gonçalo tão aflito no telefone, falando com você!

– Desculpem-me chegar de repente, sem avisar, mas é que eu estou enfrentando um grave problema e Eloísa também, com certeza. Bom dia, Solange, perdoe-me por não tê-la cumprimentado. Estou muito confuso.

– Mas sente-se, Mário, e conte-nos tudo.

E o médico narrou todos os detalhes da triste situação que estava vivendo e, por fim, mostrou a todos o cartão daquela madame, chamada Sorayde.

– O que acha disso, Henrique? Por tudo o que Mário nos contou, poderia haver alguma ligação com essa madame? Henrique é espírita, Mário. Oh, desculpe-me, estava me esquecendo de lhe dizer que ele está noivo de Solange. Irão se casar daqui a três meses. E esta senhora é dona Alba, mãe de Henrique.

– É um prazer conhecê-los e desculpem-me a falta de atenção. É que estou bastante preocupado com minha esposa. Quanto ao Henrique, penso que ele se encontra aqui em boa hora, pois eu estava pensando nisso mesmo. Talvez falar com algum espírita, porque, como já disse, Eloísa modificou-se completamente. Não é a mesma Eloísa que conheço há tantos anos. Eu nada entendo desses assuntos, mas a impressão que tenho é a de que ela deva estar possuída por alguma coisa ruim. Ela não quer nem me ouvir. Tem medo de mim. Medo, não. É pavor que vejo nos olhos dela.

– E, então, Henrique?

– Por tudo o que o doutor Mário nos contou, eu posso imaginar existir, sim, uma ligação com essa madame, principalmente pelo que ela faz.

– Você se refere a conhecer o passado? As vidas anteriores? – perguntou o médico. – Eu já ouvi falar, mas não tenho a mínima ideia de como tudo isso funciona.

– Você não poderia nos dar uma pequena explicação sobre isso, Henrique? – interrompeu Solange, perguntando-lhe.

– Posso, sim, mas apenas uma ligeira ideia, porque senão iríamos ficar aqui um bom tempo falando sobre o assunto.

– Eu gostaria de ouvir o que vocês, espíritas, pensam a respeito disso – disse Doutor Mário

– Na verdade, é bem simples. Apenas lhes disse que poderia acontecer de aqui ficarmos falando sobre isso por um bom tempo porque, com certeza, surgiriam variadas perguntas sobre diversos casos. E como cada um de nós, Espíritos que somos, teve as suas próprias experiências, diferentes umas das outras, dependendo do que já vivemos e até do tempo em que fomos criados por Deus, essa conversa seria muito extensa.

– Você disse que todos somos Espíritos. Nós não nos tornamos Espíritos ou almas somente depois da morte? – perguntou o médico.

– Isso é muito importante saber, doutor Mário. O que acontece é que, acima de tudo, somos Espíritos que possuem corpos mais materializados, como estes que envergamos nesta vida na Terra. Também devo dizer que a verdadeira vida é a espiritual, onde nós, Espíritos, também possuímos corpos, só que numa outra dimensão, entende? São corpos mais sutis do que estes. E também há vários mundos nesse plano, cada um numa vibração diferente. Dá para ter uma ideia?

– Sim – respondeu o médico. – Pode ir em frente.

– O que acontece é que não podemos crer no fato de que uma pessoa, que tenha vivido apenas, por exemplo, sessenta, setenta, oitenta ou noventa anos aqui na Terra, já tenha aprendido todo o necessário para conquistar o que se chama Céu ou Paraíso.

Até porque, todos nascem com muita desigualdade de oportunidades. Uns, saudáveis, sem passar pelas inúmeras dificuldades, tendo, por exemplo, condições financeiras para continuar os estudos e possuindo pais que os encaminhem para o bem, enquanto outros nascem doentes ou numa situação de grande pobreza, sem as mesmas oportunidades como as que já citamos. E esses talvez acabem se deixando levar pelos descaminhos das fraquezas humanas.

Do mesmo modo, vemos pessoas que nasceram com poucas condições materiais e que se tornaram grandes figuras, enquanto outras que nasceram em berço de ouro tornarem-se criminosas.

Até mesmo a ideia de um bebê que tenha morrido ainda pequenino e que, na nossa visão, iria para esse Céu ou Paraíso, pois não teria cometido nenhum pecado, se comparado com um bebê que cresceu e acabou por tornar-se um pecador, nos é estranha. E por que aquele primeiro foi "beneficiado" com a morte prematura? Onde estaria a justiça de Deus que, dessa forma, estaria distribuindo felicidade e infelicidade ao Seu bel-prazer?

– Estou entendendo perfeitamente.

– Será que se qualquer um de nós, presentes nesta sala, tivesse nascido de forma diferente, não teria se transformado em pessoa devedora para com Deus, nosso criador? Talvez em criminoso?

– Nunca havia pensado nisso, mas vejo grande lógica no que está expondo, meu rapaz.

– É por isso que temos de viver diversas vidas, as quais chamamos de encarnações, a fim de podermos passar pelas mais diversas situações para aprendermos com elas. Deus nos criou com todo o Seu amor, mas nos dá a chance, a oportunidade de nos construirmos a nós mesmos, de encontrarmos a felicidade, através do livre-arbítrio, porque o que se conquista de bom não se perde jamais.

– E por que não nos lembramos dessas vidas, Henrique? Não seria mais fácil para nós?

– Não, doutor. Verdadeiramente, seria muito difícil convivermos com essas lembranças. Imagine se soubéssemos que uma determinada pessoa nos causou um grande mal, um grande sofrimento em outra vida. Como poderíamos conviver em paz com ela, já que, de acordo com o que aprendemos, através dos Espíritos, quase sempre reencarnamos junto àqueles que são nossos credores ou devedores, a fim de resgatarmos todos os nossos débitos? E o que é pior ainda: como iríamos conseguir reencarnar no convívio de outros que soubessem o que lhes fizemos de mal?

Agora, é importante esclarecer que tudo o que aprendemos de bom, em nossa caminhada, ficará latente em nós, ou seja, dificilmente agiremos de outra forma.

– Estou encantada com as suas explicações, Henrique – disse dona Madalena. – Eu já ouvira falar sobre encarnações, outras vidas, até existem filmes que possuem o enredo baseado nelas, mas nunca havia entendido como pude agora compreender, com essas poucas palavras que você nos ofereceu.

– E você acha que isso é que poderia estar perturbando Eloísa, esposa de meu cunhado? – perguntou seu Gonçalo.

– Pode ser, até pelo fato de ela ter se envolvido com essa pessoa, Madame Sorayde. Não conheço essa pessoa, mas já posso até ter uma ideia do que tenha acontecido.

– E o que acha que devemos fazer, Henrique?

– Penso que deveríamos procurar essa mulher para saber se sua esposa esteve mesmo lá e o que aconteceu.

– Devemos lhe telefonar? – perguntou Mário.

– Não creio que ela revelaria alguma coisa pelo telefone – opinou seu Gonçalo. – Penso que devemos ir até lá. O que acha, Henrique?

– Também penso que assim seria melhor, até porque, se lhe telefonássemos, ela iria querer marcar uma consulta.

– Mas não temos que marcar primeiro? – perguntou o médico.

– Não, Mário. Nós temos que ir agora mesmo.

– Mas vocês estariam dispostos a isso?

– O que acha, Henrique? De qualquer forma, penso que você deveria ir conosco para conversar com ela. Por causa do seu conhecimento.

– Podemos ir já. Precisamos fazer alguma coisa pelo doutor Mário, seu Gonçalo. Sou da opinião de que não devemos deixar para depois.

– Então, vamos. Iremos no meu carro – decidiu Gonçalo.

7
SOLANGE E TIA ELOÍSA

Passados alguns minutos, na casa de dona Madalena, o telefone novamente tocou, e Nanda foi atender.

– Solange, é para você.

– Quem é, Nanda?

– É um tal de Luiz Antonio. Ele me disse que uma senhora lhe pediu para ligar para este telefone, pois ela havia esquecido o telefone celular na casa dela. Que o nome dela é Eloísa. Deve ser sua tia – informou a governanta, enquanto se aproximava da moça para lhe entregar o aparelho.

– Alô?! Tia Eloísa?

– Solange? Eu saí de casa para caminhar um pouco e precisei parar numa confeitaria que estava aberta, apesar de ser feriado, que é onde estou, porque... não sei... comecei a passar mal... um pouco de tontura e sem conseguir manter meus pensamentos em ordem. Você poderia vir me apanhar? Eu queria ir embora, pois já estou me sentindo melhor, mas o dono desta confeitaria achou melhor eu telefonar para alguém vir me buscar. Ele está sendo muito gentil comigo.

– E onde fica essa loja?

– A loja fica aqui na rua... como é mesmo, senhor?

Solange percebeu que a tia não estava nada bem. Falava baixo, quase sussurrando.

– Por favor, tia. Passe o telefone para o homem. Ele me explicará melhor.

– Alô.

– Alô?!

– Alô, aqui quem fala é o proprietário da confeitaria. Quem fala?

– Meu nome é Solange e sou sobrinha dessa senhora. Ela se chama Eloísa. Mas o que aconteceu?

– Bem, essa sua tia entrou aqui, na minha confeitaria, e, quando fui perguntar a ela se estava procurando alguma coisa em especial, ela me pediu uma cadeira para se sentar. Somente aí percebi que ela não se encontrava bem.

– Obrigada por atendê-la, senhor. O senhor poderia me passar o endereço?

E o homem lhe forneceu o nome da rua, o

83

número e o nome do estabelecimento comercial e explicou como ela faria para chegar até lá.

– Pois já estou indo. Não é muito longe daqui. E, por favor, não permita que ela vá embora. Faça com que me espere.

– É o que farei, senhora.

– Obrigada.

Dona Madalena, que havia sido informada pela governanta com quem Solange falava, aguardou a filha terminar o telefonema e lhe perguntou:

– Sua tia Eloísa, filha?

– Sim, mamãe. Um senhor, dono de uma confeitaria, ligou-me porque ela lhe pediu ajuda. Ela não estava passando bem, sentindo tonturas e dificuldade de raciocínio; disse que já melhorara a ponto de ir embora sozinha, mas o homem não permitiu. Então, ela resolveu me ligar, pedindo-me para ir buscá-la.

– Você quer que eu vá junto com você? Nós demos folga hoje para o motorista.

– Não será necessário, mamãe. Não é longe.

– Está bem, filha. Mas o que pretende fazer com ela?

– Vou levar um aparelho medidor de pressão arterial. Sei como aferir.

– Faça isso, filha.

Solange, então, dirigiu com facilidade até o endereço informado e, entrando lá, viu a tia ainda sentada a uma mesa, com o olhar voltado para o chão, como se estivesse alheia ao ambiente.

– Titia, a senhora está bem?

– Oi, Solange. Agora estou melhor, foi só um mal-estar, mas agora estou me sentindo melhor. Se você puder me levar à minha casa.

– De jeito nenhum, titia. Vou levá-la para minha casa.

– Não, filha. Não quero incomodá-los.

– Eu não vou deixar a senhora sozinha.

– Eu não ficarei sozinha. Tenho meus empregados, meu motorista, se precisar de alguma coisa.

– Não, senhora, e, por favor, estenda o seu braço que irei aferir a sua pressão arterial.

E, dizendo isso, Solange retirou de uma pequena caixa, que trazia consigo, um aparelho, prendeu a parte inflável no braço da mulher e, com o auxílio do estetoscópio, examinou-a.

– A pressão da senhora está normal, tia – informou.

Fez-lhe algumas perguntas e, não vendo a necessidade de recorrer a um procedimento ambulatorial, pelo menos por enquanto, decidiu:

– Muito bem, tia Eloísa, vamos para casa.

– Para a minha, não?

– Não, senhora, para a minha.

– Mas preciso avisar os meus empregados.

– Vou ligar agora mesmo.

E assim o fez, informando à governanta que a tia estava com ela.

– Pronto, tudo resolvido.

– Está bem, Solange, acho que estou mesmo precisando conversar um pouco.

A caminho da casa...

– A senhora está se separando do tio Mário? – perguntou Solange, surpreendendo a tia com a pergunta.

– Como você está sabendo disso?

– Ele está desesperado.

– Mário foi até a sua casa? Ele está lá? Porque se estiver...

– Não, ele não está lá.

– Ele lhes telefonou, então?

– Agora há pouco, mas ligou porque, assim

como a senhora, também não estava se sentindo nada bem. Estava dirigindo, sem rumo, sem saber aonde ir. Disse que não conseguia raciocinar direito.

– E vocês foram buscá-lo?

– Não foi preciso porque, talvez por instinto, ele se encontrava perto de casa, e papai foi encontrar-se com ele. Papai e Henrique, meu noivo.

– E onde Mário se encontra agora?

– Não sei para onde foram, titia – mentiu Solange, com medo de causar alguma confusão.

– Eles conversaram por algum tempo e saíram os três.

Ao chegarem a casa, Eloísa, após abraçar Madalena, deixou-se cair pesadamente numa poltrona, dizendo com voz trêmula:

– Estou vivendo uma situação muito difícil, Madalena. Descobri algo terrível.

– E o que foi que descobriu? – perguntou a senhora.

– Não posso dizer a ninguém.

– É tão grave assim?

– Aterrador, minha cunhada. Não posso, não consigo mais viver junto a Mário.

– Por que não desabafa, titia? – perguntou Solange. – Sabe que a amamos e, talvez, possamos ajudá-la.

– O que Mário disse a vocês?

– Nada que esclarecesse alguma coisa, pois nem mesmo ele sabe o porquê de a senhora estar assim.

Eloísa permaneceu por alguns segundos em silêncio, até que, repentinamente, exclamou, levantando-se de um salto da poltrona, visivelmente atemorizada:

– Meu Deus! Será?!

– O que foi, Eloísa? – perguntou Madalena.

– Vocês estão escondendo alguma coisa de mim?

– Escondendo o quê, Eloísa?

– Para onde Gonçalo e Mário foram, junto com o noivo de Solange?

– Nós não sabemos para onde eles foram.

– Vocês estão me enganando.

– Por que, Eloísa? Para onde imagina que eles poderiam ter ido?

– Mário andou insistindo para que eu passasse por uma consulta com um médico psiquiatra. Disse que eu precisava de um tratamento psiquiátrico.

– Mas não seria bom, titia? A senhora anda muito nervosa e, muitas vezes, um simples tranquilizante...

– Até você, Solange? O que Mário lhes contou? Ele não sabe nada sobre o que está acontecendo comigo!

– Mas por que motivo a senhora não quer conversar com ele a respeito do que sente?

– Porque ele não iria entender e ninguém iria entender.

– Será que não? Por que não nos conta?

– Eu estou achando que eles foram atrás de um psiquiatra para me internar numa dessas clínicas para loucos!

– Titia, por favor. Não pense nisso. Tio Mário a ama muito e não iria fazer uma coisa dessas. Um tratamento, sim, até concordo, mas internar, definitivamente, não.

– E o que a faz crer que necessito de um tratamento?

– É muito simples, tia. Depois de quase quarenta anos de casamento, a senhora, como ele nos disse, de um momento para outro, quer se separar...

– Eu não posso mais viver junto dele, Solange. Você tem de entender! Seria perigoso!

— Perigoso?! Como assim?

— Não posso falar mais nada. Não me forcem.

— Por acaso, ele a maltratou, Eloísa? Isso você pode nos contar. Se isso aconteceu, daremos toda a razão para que você se separe.

— Não, ele nunca me maltratou. Pelo menos, nesta vida.

— Espere um pouco, tia. O que a senhora está querendo dizer com isso? Que ele a fez sofrer em outra? Em outra encarnação, a senhora quer dizer?

— Talvez. Tive alguns sonhos bastante reais e... Não... Eu já falei demais e vou-me embora – afirmou, levantando-se mais uma vez.

— Por favor, Eloísa, sente-se – pediu-lhe a cunhada. – Vamos fazer o seguinte: não iremos mais lhe fazer nenhuma pergunta. Vamos falar de outros assuntos, está bem?

— Desculpem-me, mas até isso não vou

conseguir. Não sei sobre o que falar. Estou muito cansada.

— A senhora quer se deitar um pouco?

— Estou com muito medo, Solange.

— Medo do quê, titia?

— De seu tio. Ele vai acabar me internando.

— Não vai, tia, isso eu lhe prometo, mas gostaria que a senhora pensasse um pouco sobre a possibilidade de fazer um tratamento. Percebo claramente que a senhora se encontra vitimada por forte depressão.

— Se quiser, poderá chamar isso de profunda tristeza.

— Venha deitar-se um pouco na minha cama.

Nesse momento, dona Alba se aproximou, fazendo com que Eloísa a olhasse com muito carinho e perguntasse:

— Quem é essa senhora?

– É Alba, mãe de Henrique.

Solange, naquele momento, sentiu aumentar a sua tristeza por ver a tia naquele estado, parecendo estar carregando imenso peso sobre seus ombros.

– Venha, então, tia. Vou levá-la para o meu quarto para que descanse um pouco.

– Vamos, sim, estou sentindo muito sono.

8
MADAME SORAYDE

O trânsito na grande cidade estava bem mais tranquilo que nos dias normais, pelo fato de ser feriado, ocasião em que muitos de seus habitantes, ou haviam viajado, ou se encontravam em suas residências, descansando.

Mesmo assim, levaram quase duas horas

para encontrar o endereço grafado no cartão de visitas de Madame Sorayde, até pelo fato de ser bem distante do centro da cidade.

Não havia nenhuma placa na parte externa do velho sobrado, apenas identificado pelo número do imóvel, este, sim, de um tamanho maior que o normalmente usado.

Apertaram o botão da campainha, mas não conseguiram nenhuma resposta. Tentaram por mais três vezes, sem nenhum sucesso, até que uma senhora, aparentando cerca de uns setenta anos de idade, bastante maquiada, com um batom vermelho nos lábios, e unhas compridas bem cuidadas, aproximou-se deles, dirigindo-lhes a palavra.

– Os senhores estão à procura de Madame Sorayde?

– Estamos, sim – respondeu Henrique. – Gostaríamos de fazer uma consulta com ela.

– E por que desejam se consultar? Normalmente são mulheres que aqui vêm, apesar de que ela já atendeu homens, na verdade, poucos, mas já atendeu. Mas... três assim... juntos...

– Estamos curiosos para saber algo sobre o nosso passado, nossas vidas passadas – explicou o rapaz.

– É que hoje é feriado – explicou a mulher. – Aos feriados, ela cobra o dobro do preço.

– Já imaginávamos – concordou Gonçalo –, mas preferimos vir hoje porque é feriado e não gostaríamos de nos encontrar com outras pessoas. Inclusive, pretendemos pagar bem mais se ficarmos satisfeitos com a consulta.

– Mas, se ela não se encontra, só nos resta ir embora – disse, por sua vez, Mário. – É uma pena, porque não somos desta cidade, e levará algum tempo para que voltemos.

– De onde vocês são?

– Somos do interior, senhora. Meu nome

é Mário; este é Gonçalo e o rapaz se chama Henrique.

A mulher olhou-os de cima a baixo e revelou:

— Sejam bem-vindos, senhores, eu sou Madame Sorayde e poderei atendê-los agora mesmo.

Dizendo isso, apanhou uma chave na bolsa que trazia consigo, abriu a porta e os convidou a entrar.

— Sigam-me. São apenas dois lances de escada.

E, subindo, encontraram um patamar que dava acesso ao segundo lance de degraus, deparando-se com uma porta.

A mulher a abriu e os fez entrar, trancando a porta pelo lado de dentro.

— Muito bem, quem será o primeiro?

— Será o rapaz, mas gostaríamos de entrar juntos.

– Eu não costumo atender dessa maneira – discordou a Madame. – E ainda não combinamos o preço.

– Pois pode dizer quanto será, Madame.

E, pagando um pouco mais, ela concordou que entrassem todos juntos.

– Vocês dois, por favor, queiram se sentar nesse sofá, enquanto o moço deverá sentar-se nesta poltrona, defronte desta mesa, frente a mim.

E, dizendo isso, sentou-se atrás de uma pequena mesa redonda, coberta com uma toalha negra, de veludo.

No caminho até lá, Henrique havia combinado com seu Gonçalo e o Dr. Mário que ele iria participar do trabalho de Madame Sorayde para verificar o que ela realmente fazia com seus pacientes, apesar de que ele já imaginava o que acontecia naquele ambiente.

Dessa forma, sentou-se onde a mulher lhe solicitou.

— Muito bem, Henrique — disse a senhora —, o que vou fazer agora é, hipnoticamente, entrar em sintonia com o que há de mais íntimo na memória de seu Espírito. Você não irá sentir nada, não perderá a consciência nem experimentará algum tipo de sonolência. Apenas deverá seguir as minhas orientações. Cada vez que eu lhe disser uma frase, pense firmemente nela. Combinado?

— Combinado, Madame Sorayde. E eu vou me lembrar ou reviver na mente o meu passado?

— Não. Eu, sim, como já lhe disse, entrarei em sintonia íntima com a sua memória espiritual. Durante o trabalho, ou seja, durante o transe, irei lhe informando sobre a sua vida pregressa, ou seja, uma de suas vidas anteriores, pois nem sempre entro em contato com a imediatamente anterior. Compreendeu?

– Compreendi.

– Quanto aos senhores – disse, dirigindo-se a Gonçalo e Mário –, terão de permanecer em absoluto silêncio e com os olhos fechados.

E assim, a mulher deu início ao "trabalho". Henrique já percebera como seria a enganação e procurou permanecer numa atitude em que denotaria estar levando tudo aquilo a sério.

– Pois bem, Henrique. Seus olhos devem permanecer fechados de maneira natural, confortavelmente. Procure colocar-se na poltrona de forma que seu corpo também se sinta o mais confortável possível. Vou apagar as luzes, permanecendo apenas um pequeno foco de luz azul e, a partir de agora, apenas desejará ouvir a minha voz. Apesar de não estar vendo nada, procure fixar o seu olhar num ponto imaginário.

Mesmo imaginando o que se passaria, o rapaz obedeceu as instruções a fim de que houvesse uma boa atuação de sua parte.

Após alguns segundos de silêncio, a senhora voltou a se pronunciar:

– Você, Henrique, neste momento, procure, da melhor maneira que puder, enviar um pensamento em forma de luz em minha direção. Você está ficando cada vez mais calmo e uma grande paz vai se apoderando de você. Tudo é paz... Tudo é paz... Só paz... Já estou começando a entrar em contato com a sua memória mais íntima.

A mulher, então, passou a suspirar levemente, como se realmente estivesse tendo sucesso com o anunciado.

– Hum... que visão... que belo jardim... mais ao alto, uma fortificação e um castelo... percebo, aprofundando-me mais em suas lembranças, percebo facilmente estarmos na Idade Média. Lindos cavalos brancos ao longe e vejo-me como se eu fosse você. Uma alegria me invade o coração porque se aproxima o dia de meu casamento com a donzela por mim escolhida. A mais linda das moças daquele lugar. Meu coração exulta de felicidade. Venci bravamente a última batalha contra perigosos invasores do reino de meu pai. O povo me aplaude e grita meu nome, lançando-me as mais belas flores do campo, em sinal de agradecimento por tê-los defendido tão bravamente. E agora, lá vem ela, a minha bela e apaixonada noiva. Desce os gramados que nos separam, saltitando feliz, lançando-se, por fim, aos meus braços. Neste momento, as lembranças se modificam e vejo-me sendo coroado senhor de todo aquele reino. As flâmulas se agitam ao vento, balouçando em altos mastros dispostos em fila, no caminho que deveria percorrer até a capela onde serei coroado pelo mais alto dignitário religioso. As trombetas são sopradas e tambores retumbam num toque solene e de poderio. Pombas brancas são libertadas e fazem voo rasante sobre a tenda dourada onde me encontro neste momento. E minha amada ao meu lado. Sinto em mim o destemor de um líder e a justiça nas decisões. Sou amado pelo meu povo.

Um silêncio se fez e a mulher retomou a palavra:

– É uma pena que não consegui ir mais além dessa memória. Foi tudo tão lindo, Henrique. Você foi um nobre senhor de terras, reinando de maneira corajosa, protetora e justa para com o seu povo. Podem abrir os olhos agora.

– E o que mais poderia me dizer, madame Sorayde?

– Apenas posso deduzir que você é um rapaz destemido diante da vida e muito justo. Estou absolutamente certa, não?

– Certíssima, senhora, mas não tem mais nada a me dizer?

– Hoje não, meu rapaz, pois não sou eu quem define o tempo de duração das lembranças. Isso depende muito também do paciente, vamos chamá-lo dessa maneira. Há casos em que fico quase uma hora descrevendo as lembranças. Mas não desanime. Quando desejar, poderá retornar a fim de que eu possa conseguir mais um contato com sua memória espiritual. Mas devo alertá-lo de que poderá acontecer de, na próxima vez, eu conseguir visualizar uma outra vida, uma outra encarnação. Você me entende?

– Eu compreendo.

– Então, pode se levantar agora, meu rapaz.

9
O SONHO

Vamos agora voltar no tempo, na verdade, há pouco mais de uma semana...

Mais precisamente na mansão onde o casal Mário Sérgio e Eloísa se encontrava dormindo.

Eloísa sorria, por força de um sonho que

estava tendo; na verdade, assistia o desenrolar de uma história, com momentos em que a vivia como uma espectadora, acompanhando seus personagens e, outras tantas, quando se via fazendo parte dela, vivendo todos os sentimentos que o enredo lhe provocava.

Um sonho que se iniciara no ponto em que ela era uma adolescente, de dezessete anos, e se chamava Margareth.

– *Venha, Margareth* – *chamou Estêvão, seu pai* –, *traga essa sacola com as frutas que apanhei hoje, de manhãzinha, e suba na carroça.*

– *Já estou indo, papai. A sua bênção, mamãe.*

– *Deus os abençoe e bom trabalho na feira.*

Margareth era uma linda adolescente, cabelos negros ondulados, tez morena, pele lisa, sem marcas, e lindos olhos verdes. Seu sorriso chegava a ser contagiante para os que com ela cruzavam o olhar. Na verdade, Margareth parecia sempre estar sorrindo, principalmente com os olhos.

Estêvão, seu pai, e Georgina, sua mãe, muito se orgulhavam dela que, além de cuidar de seus afazeres na pequena área rural, próxima à cidade, ainda acompanhava o pai, duas vezes por semana, quando acontecia uma feira periódica matinal num dos bairros mais populares daquele local.

Chegavam bem cedinho, montavam a barraca de lona, os cavaletes e as tábuas para exporem seus produtos, geralmente mandioca, legumes, frutas e verduras, além de ovos, sempre variados, dependendo da época.

– Bom dia, seu Estêvão – cumprimentou um casal, que se preparava para iniciar a venda, já que os compradores começavam a se aproximar.

– Bom dia, seu Carlos e dona Eva. Belo dia, não?

– Sim, e não fará muito calor, já estamos entrando no outono. Um bom dia para você também, Margareth.

– Bom dia – respondeu a garota.

– Cada vez mais bonita a sua filhinha, não, Estêvão? – comentou Carlos, homem de seus quarenta e poucos anos, sendo observado por dona Eva, sua esposa, que não gostava nem um pouco quando seu marido, quase que todo dia de feira, elogiava a menina.

– É o nosso tesouro, meu e de Georgina – respondeu Estêvão, que também nada gostava dessas observações do amigo.

Margareth não se incomodava muito com o que falavam. Era ainda um pouco ingênua, acostumada com a vida no campo, e pouco percebia quando havia alguma conotação um pouco atrevida por parte dos feirantes, que não perdiam a oportunidade de admirá-la quando ela, quase no fim da feira, dava um passeio pelo local.

– Ei, Margareth, venha provar deste bolo de laranja – convidou seu Anastácio, junto a sua esposa, ao verem a garota aproximar-se.

– Obrigada, mas não estou com fome. Já comi uma fruta, e daqui a pouco, eu e papai vamos embora.

– Mas, então, vou embrulhar um pedaço para você levar para casa.

– Obrigada, mas não posso aceitar.

– Mas por que, linda menina? – perguntou o feirante, sob o olhar fulminante da esposa sobre ele.

– Meu pai me diz que não devo aceitar o que me oferecem, porque todos os produtos são para venda.

– Isso é verdade – afirmou Estêvão, que estava à procura da filha para que o ajudasse a carregar a carroça para partirem. – Se você está com vontade de comer o bolo, eu compro um pedaço para você, Margareth.

– Não, papai. Não estou com vontade.

– Mas, seu Estêvão, por que não posso fazer uma gentileza para a sua filha? Além do que também sou pai. De um lindo rapagão, por sinal.

– Ela já disse que não está com vontade, marido – disse a esposa, num arroubo de coragem, pois *sempre procurava não contrariar Anastácio, homem rude e violento.*

– Mas eu faço questão, mulher – afirmou o homem, estampando uma determinação no semblante. – Pegue aqui um pedaço, Margareth.

Estêvão, homem de estatura um pouco acima do normal e forte como um touro, fez, então, prevalecer a sua opinião ao se aproximar do feirante e, olhando-o bem nos olhos, sentenciar, com voz firme e segura, fazendo com que Anastácio baixasse o olhar desafiador:

– Ela já disse que não quer, senhor Anastácio. Venha, filha.

E saíram rapidamente, até porque, apesar de sua força física, Estêvão detestava confusão. Gostava de levar a vida com tranquilidade e paz.

– Você viu o que fez, mulher?! – vociferou Anastácio, visivelmente irritado.

– O que foi que eu fiz?

– Por causa de seu palpite, precisei baixar a cabeça para Estêvão.

– Parece que ele não gostou de sua insistência, não foi? Eu já havia percebido isso e por esse motivo tentei fazer você mudar de ideia para não ter de passar novamente por essa vexação.

– Vexação, mulher?! – perguntou, agora com a voz mais elevada, o que não passou despercebido pelo feirante da esquerda, seu Honório.

– Vexação mesmo, Anastácio – afirmou o homem, soltando uma boa gargalhada. – Mexendo de novo com a Margareth, né? Tome cuidado com o Estêvão ou ele ainda pega você.

– Ora, vá cuidar de sua vida, bobalhão! Você não sabe nada! E tudo por causa desta inútil! – afirmou, apontando para a esposa com o dedo indicador, muito mais bravo agora.

– Dalva, não tenha medo desse fanfarrão, viu? – gritou uma mulher que era feirante na outra barraca ao lado. – Se ele maltratar você, fale comigo que eu dou um jeito nele. E aqui na feira mesmo!

– Como a senhora dá um jeito?! – berrou

Anastácio, novamente. – Quem pensa que é?! A senhora pode dar um jeito no seu marido, esse velho fracote que a senhora faz de "gato e sapato". Comigo, não.

– Não, é?! Quer experimentar o peso do meu braço?! Pois faça algo contra a minha amiga Dalva, que você vai experimentar!

– Ora, vai cuidar de sua vida também!

E todos os que se encontravam próximos, assistindo a toda aquela cena, passaram a rir e fazer chacotas com o feirante, fato que deixou sua esposa muito preocupada e com receio de que o marido não a fosse perdoar.

JÁ NO SÍTIO, ESTÊVÃO DISSE para a esposa:

– Georgina, ando muito preocupado com o que vem acontecendo na feira.

– E o que é, Estêvão?

– Bem... você sabe... nossa filha está bastante crescida, é muito bonita, e estou começando a ter problemas para conter o interesse dos homens por ela. Inclusive, e principalmente, por parte dos casados.

– Meu Deus, Estêvão!

– Hoje mesmo precisei ser valente com o Anastácio que, com certeza, irá descarregar sua raiva na pobre da Dalva, sua esposa.

E Estêvão passou a lhe narrar tudo o que já vinha ocorrendo desde há alguns meses.

– E o que pretende fazer, marido?

– Eu não sei, mulher. Ainda vai acabar acontecendo alguma confusão, mas, por outro lado, tenho pena dela. Ela gosta tanto de ir comigo ao trabalho e também porque não podemos confinar nossa filha neste pequeno pedaço de terra.

– Você tem razão, Estêvão. Talvez você deva pedir a ela que se mantenha junto a você quando estão trabalhando e, depois, você a acompanha nos passeios que ela gosta de fazer no final da feira.

– É... Você tem razão. Penso que, no momento, será o melhor a fazer.

– Falando nisso, onde ela está agora?

– Com certeza, foi até a beira da cerca ver as ovelhas que, neste horário, ali são soltas para pastar.

A cerca fazia divisa com uma fazenda, de médio porte, propriedade do senhor Clemente, plantador de café e criador de gado e de ovelhas.

– Também me preocupo um pouco com essas idas da Margareth até esse lugar, Estêvão. Por diversas vezes, já a vi conversando com aquele rapaz, o Bento, que trabalha na fazenda. Nesse horário, ele toma conta dessa criação e penso até que ele leva os animais até aquele local para se encontrar com nossa filha. Apesar de que, daqui da porta de nossa casa, é possível ver os dois. E eu fico de olhos bem abertos.

– Eu o conheço e me parece um bom rapaz. Deve ter por volta de seus vinte e dois anos. Também penso que não devemos trancafiar Margareth como se fosse um passarinho numa gaiola. O que temos de *fazer é, como você disse, manter os nossos olhos bem abertos.*

– É a vida, não, marido? Um dia, nossa filha vai acabar encontrando alguém com quem se casar, e vamos ficar sozinhos. Sabe, tenho muita saudade de quando ela era uma menininha que vivia ao meu redor ou brincando com sua boneca.

Estêvão fez um gesto de carinho na esposa e saiu pela porta da casinha onde moravam. O Sol já estava se pondo, colorindo de dourado o horizonte, anunciando a chegada do fim do dia. Naquele instante, a filha vinha se aproximando com um leve sorriso de felicidade nos lábios.

Seu pai a vira conversando com Bento, cada um do seu lado da cerca, e também vira que o rapaz lhe entregara alguma coisa, e, somente agora, conseguiu descobrir o que era: uma flor do campo que Margareth trazia nas mãos.

"Acho que estou descobrindo o amor" – pensava ela, sem perceber o pai, que a olhava a poucos metros. – "Sei o que é sentir amor, porque amo meus pais, mas este é um sentimento diferente. Sinto vontade de estar com ele. Tenho saudade quando estou longe e não quero que o tempo passe quando estou ao seu lado... Bento."

– Papai, faz tempo que o senhor está aí?

– Saí agora há pouco, filha – mentiu Estêvão, pois não queria que a filha soubesse que ele os vira. Isso faria com que estivesse, de alguma forma, apoiando o encontro dos dois. E pensava que ainda era cedo demais para concordar. – O pôr do sol está muito bonito, não?

– Está sim, papai. Também estava olhando para ele.

– Georgina! Venha aqui fora um pouco para ver o Sol descer atrás da Terra.

– Já vou indo, Estêvão. Já vou indo.

Em segundos, a mulher apareceu na porta e disse:

– Muito bonito mesmo, não, Margareth?

– Lindo, mamãe.

E, dizendo isso, olhou para trás em direção à cerca que dividia as duas terras e viu Bento olhando para eles. Percebendo que os pais da moça estavam olhando para o outro lado, acenou-lhe com a mão. Com o mesmo cuidado, ela retribuiu o aceno.

Eloísa acordou nesse ponto do sonho, abriu os olhos e ficou a recordá-lo em todos os seus detalhes.

"Que sonho mais lindo" – pensou, percebendo que nunca antes sonhara dessa forma, quase real, e que também nunca se recordara tão precisamente de um sonho, com todos os detalhes, inclusive da fisionomia de seus personagens.

Mário se mexeu na cama, já acordando, abriu os olhos e viu a esposa, olhando para o teto do quarto e sorrindo.

– No que está pensando, querida?

– Bom dia! Já acordou também?

– Sim, mas, pelo seu sorriso, estou vendo que deve estar pensando em algo muito bom, uma nova festa, talvez.

– Não... Estou sorrindo por causa de um sonho que tive.

– Sonho... E com o quê ou com quem você sonhou, que a deixou tão satisfeita e feliz dessa maneira?

– Sabe, Mário, é muito difícil a gente se lembrar de um sonho, não é? Quero dizer, com os mínimos detalhes, como se fosse um filme a que tivéssemos assistido e que se encontra límpido e fresco na nossa memória. Não é verdade? Às vezes, a gente sabe que sonhou com alguém, com algum lugar, com um determinado assunto, mas é quase impossível, na maioria das vezes, nos lembrarmos.

Mas com esse sonho que tive foi bem diferente. Lembro-me dele do início ao fim. Digo fim porque acordei. Se não tivesse acordado, com certeza ainda estaria sonhando com ele. Parecia um filme. Gostaria tanto de continuar sonhando com a continuação dessa história...

– E como foi esse sonho? – perguntou Mário.

E Eloísa lhe contou tudo em detalhes, demorando tanto, que o médico precisou fazer um desjejum bem rápido para não perder a hora de chegar ao seu consultório. Somente se omitiu em dizer que ela se via como a personagem Margareth.

10
O SONHO II

Na noite seguinte, o sonho continuou:

Desta feita, o sonho já não fora tão bom, na verdade, transformara-se em um pesadelo, pois a cena se passava na casa de Anastácio, após voltarem da feira, naquele dia.

– Nunca mais me diga o que fazer na frente dos outros, Dalva! – gritou Anastácio para a esposa. – Nunca mais, aliás, nunca mais fale com ninguém na minha presença, principalmente se eu estiver falando, ou vai sentir novamente a força desta minha mão direita – ameaçou-a, mostrando-lhe o punho.

– E você quer que eu o fique assistindo cortejar uma menina de dezessete anos na minha frente? Todos já estão falando sobre isso.

– Quem está falando, Dalva?! Diga-me que eu arrebento também com ele!

– Não é ele, Anastácio. São as mulheres, e você não tem como surrar cada uma delas, não é?!

– Mas que raiva! Só pode ser obra daquela Isabel, que me ameaçou diante de todos! Deve ser ela quem fica alcovitando com as outras! E o que dizem, Dalva?! Preciso saber!

– Falam que você está encantado com a Margareth. Dizem que está enfeitiçado pela beleza e pelo corpo da menina!

– Mas que besteira!

– Não acho que é besteira. Sei quando um homem está interessado em alguma mulher.

– E que mal há nisso? Somos homens e isso é normal. O que há de mal nisso? Pior seria se dissessem que não me interesso por mulheres!

– O que acontece é que essa conversa vai acabar nos ouvidos do Estêvão e pode acontecer uma desgraça por causa disso.

– O quê?! Você acha que tenho medo do Estêvão?

– Acho!

– Mulher, você está me desafiando! E isso não é bom para a sua saúde.

– Ora, Anastácio, eu queria ver você falar nesse tom ameaçador com ele, como faz comigo.

– Eu não tenho medo dele, já disse!!! – berrou o homem, possesso de raiva.

– Pois deveria ter.

– E por que acha que eu deveria ter medo?!

– Pelo simples fato de que, além de ele ser mais forte, você não faz ideia de como se aumenta a força física de um homem quando se trata de defender a honra de uma filha. E você? O que é que vai aumentar a sua força? A culpa só irá conseguir diminuí-la. Assim é que funciona, marido.

O homem baixou o olhar e reconheceu:

– Sei disso.

– Então pare com essa fixação por aquela moça. Você sabe que nunca me importei de você ir para aquelas casas, você sabe às quais me refiro, afinal isso é coisa de homem, mas querer alguma coisa com uma moça, filha de um feirante honesto e trabalhador como o Estêvão.

– Mas espere aí, Dalva, o que está imaginando que vou fazer?

– Imagino o que poderá acontecer quando a oportunidade surgir.

– *Vamos parar por aqui, mulher. Vamos parar. Vá fazer o seu serviço e me deixe em paz. Não quero mais ouvi-la falar disso.*

A esposa retirou-se da sala, deixando Anastácio sentado numa cadeira, sem vontade de iniciar a sua lida do dia.

A partir desse momento, no sonho, Eloísa, apesar de não ouvir as palavras de Anastácio, conseguia saber o que ele pensava, parecendo ouvir a sua voz, dentro da mente.

"O que está acontecendo comigo, afinal de contas? Já tenho idade para ser o pai daquela moça, daquela menina, para falar a verdade. E Estêvão?" – começou a pensar o homem, parecendo entrar em desespero. "Mas eu não consigo parar de pensar nela! Não vejo a hora de chegar o dia da feira para vê-la, admirá-la. Nem consigo mais esperar que ela comece o passeio que costuma fazer no final da feira. A todo instante, deixo Dalva tomando conta da barraca e, sorrateiramente, como um animal, esgueiro-me por entre as lonas para observá-la. Se não a vejo, já fico nervoso. Parece até que sinto ciúmes só de pensar em vê-la com alguém, um namorado. Meu Deus, sinto ciúmes dela!"

— E tem mais uma coisa, Anastácio – disse Dalva, retornando à sala.

— O que é agora?! Já não lhe disse para não tocar mais nesse assunto?!

— É para o seu bem, homem!

— Fale, então!

— Sabe o que estão falando também? E eu até já percebi isso.

— O que é, mulher?!

— Que você, várias vezes, esconde-se por entre as barracas para ver a moça.

— Você está louca, mulher?! – tentou aparentar surpresa.

— E isso é verdade, homem. Você tem me deixado sozinha atendendo e some por entre as lonas.

– Saio para cuidar de outras coisas, ver como estão as vendas dos outros feirantes... – continuou, tentando dar explicações sobre o seu sumiço.

– Bem, Anastácio, você diz que sabe o que está fazendo, mas, qualquer hora, ainda vai se dar mal. Se eu fosse você, começaria a frequentar a igreja, falaria com o padre, porque isso só pode ser tentação do demônio.

– Eu sei o que faço, mulher!

E Dalva saiu novamente, deixando-o com seus pensamentos.

"Que enrascada! Como um homem pode sentir tanta atração desse jeito?! Parece uma doença que vai se instalando dentro da gente, tomando conta dos pensamentos! Acho até que Dalva tem razão em falar sobre o demônio. Só pode ser ele!"

E Anastácio, como se não conseguisse se controlar mais, apanhou um cavalo e saiu de sua pequena chácara, enveredando-se por uma estreita estrada de terra, apeando próximo ao sítio de Estêvão.

Puxando o cavalo pelas rédeas, contornou por uma trilha dentro de uma mata até chegar a um local, de onde poderia ver Margareth. Descobrira que, à tardezinha, ela ia ter com as ovelhas que pastavam do outro lado da cerca. Tinha ido até lá, apenas uma vez, e ficara observando-a por um bom tempo até ela retornar para sua casa.

De onde espreitava, tinha visto que Estêvão saía, a todo momento, para observá-la, como um cão de guarda. Não mais voltara lá porque temia que sua esposa desconfiasse. Mas, nesse dia, não conseguira se controlar, e qual não foi o seu espanto quando viu aproximar-se um rapaz, desconhecido para ele, que ficou a conversar com a moça.

Olhou para os lados da casa e viu que Estêvão agia como se tivesse conhecimento desse encontro e apenas ali ficava por prevenção, pai cuidadoso como já era esperado que fosse. Viu ainda quando o moço apanhou algumas pequeninas flores, tomou cuidado para não ser notado pelo pai de Margareth e as beijou, entregando-as a ela que, assim que as apanhou, devolveu o beijo ao ramalhete.

Eloísa percebeu que esse gesto atingira Anastácio como uma punhalada e seu rosto avermelhou de ódio.

"Estão de namoro! Estão namorando! Traidora!" – pensava Anastácio, como se a garota tivesse algum compromisso com ele. Na sua insanidade amorosa, assim passara a imaginar – "Mas isso não vai ficar assim! Eu vou matá-lo! E a terei só para mim, nem que seja à força!"

Eloísa, nesse momento, teve um sobressalto, despertou e, não conseguindo conter um grito, sentou-se, num só movimento, na cama. Seu coração disparava em seu peito e grande agonia tomou-lhe a mente.

– O que foi, Eloísa? Teve um pesadelo?

– O sonho, Mário! Ele vai matá-lo! Ele vai matá-lo!

Mário acendeu a luz do quarto e abraçou a esposa.

– Acalme-se, querida. Foi só um sonho.

– Meu Deus! – exclamou ela. – O que irá acontecer?!

E entregou-se, desesperada, às lágrimas.

11
O SONHO III

NA TERCEIRA NOITE, ELOÍSA DEMOROU para dormir. Estava com receio de ter a continuação daquele sonho, apesar de que, intimamente, ansiava por ele, na esperança de que tudo se resolvesse a contento. E uma sensação inusitada lhe percorria a mente: começara a sentir enorme desejo de se encontrar novamente com Bento e via isso como algo estranho em relação ao seu marido Mário, a quem tanto amava.

Desta feita, assim que dormiu, as imagens lhe vieram quase que imediatamente, só que não mais se viu na feira nem se encontrou com Anastácio.

A história havia saltado adiante no tempo e não sabia precisar o quanto.

Via-se vestida de noiva a caminho da igreja.

Era o dia de seu casamento com Bento. Mais frequentemente agora, ora via-se a si mesma, como num filme que estivesse assistindo, ora como partícipe daquela história. Sentia-se alegre como nunca estivera naquele desenrolar onírico.

Caminhava e via-se caminhar em direção ao altar, onde o rapaz a aguardava, enquanto também percebia a presença dos feirantes, com suas esposas ao lado, sorrindo para ela, centro daquele pequeno universo de felicidade.

Por fim, aproximou-se do altar, levada pelo pai, que a entregou a Bento para que se postassem frente ao pároco responsável por uni-los em matrimônio.

Nesse momento, quando não cabia em si de tanta felicidade, tudo começou a girar: o altar, o teto, as flores que ornamentavam o templo, a figura do noivo e... sangue.

O sonho tornou-se vermelho vivo, parecendo a ela ter o mundo se transformado num escarlate e quente líquido, símbolo da vida, mas também da dor e da morte.

Coração opresso, o ar a lhe faltar nos pulmões, despertou numa angústia que não lhe cabia no peito, aos berros, com uma única imagem a lhe torturar a mente e os ouvidos: um único tiro desfechado por alguém, que não conseguia reconhecer, e o sangue em profusão.

— Outra vez, Eloísa? — perguntou, também muito assustado, o doutor Mário, amparando e abraçando-a. — Oh, meu Deus! Você precisa de um tratamento, querida. Amanhã mesmo vou procurar um colega na área da psiquiatria para lhe receitar algum medicamento que a impeça de voltar a ter esses sonhos.

– Era real, Mário... Muito real... Penso até em coisa do passado.

– Do passado?

– Sim, já ouvi falar, por diversas vezes, que vivemos muitas vidas, chamadas de encarnações.

– Encarnações?

– Sim. Só pode ser isso. Uma reencarnação minha em que vivi todo esse martírio.

– Não consigo acreditar.

– Acho que já sei o que fazer.

– O quê?

– Depois do sonho de ontem, conversei com uma pessoa e ela me indicou um tratamento de regressão de memória. Disse-me que talvez eu me libertasse desses sonhos se conseguisse compreender exatamente o que se passou comigo, ou o que fiz em alguma de minhas vidas para vir a ter esse sofrimento.

– Espere... Espere... Eloísa. Não tome nenhuma decisão precipitada. Possuo muitos colegas médicos e vou procurar me aconselhar com eles. Tenha calma.

– E amanhã à noite, o que farei? Não quero mais sonhar.

– Pois, amanhã mesmo, irei atrás de uma solução. Fique calma.

– E... Mário... Por favor, não me pergunte sobre o que sonhei hoje. Não tenho coragem de lhe contar.

– Tudo bem, querida, não precisa me contar.

No dia seguinte, Dr. Mário prometeu a Eloísa que marcaria uma consulta e a levaria a um especialista na área da psiquiatria, o que não soava muito bem aos ouvidos da esposa, apesar de o marido dizer-lhe que seria apenas para a indicação de um medicamento que a fizesse dormir mais tranquilamente e sem sonhos.

Mas Eloísa não acreditava nisso. Não estava louca, pensava. Por que ir a um psiquiatra? Ela era avessa a remédios, mesmo tendo um médico como marido. Não sabia que um medicamento também pode resolver muitos problemas difíceis e que não foi à toa que ao homem foi concedida a oportunidade de pesquisar e elaborar muitas drogas para a cura de diversos males, inclusive os de ordem mental, quando necessárias.

E a consulta foi marcada para as dezenove horas daquele dia, mas quando o Dr. Mário veio buscá-la, ela não se encontrava em casa, nem os empregados sabiam dizer aonde ela poderia ter ido, fato difícil de ocorrer, pois Eloísa sempre deixava avisado onde estaria, se precisasse sair.

Doutor Mário, preocupadíssimo, começou a telefonar em vários locais onde a esposa poderia estar, mas sem nenhum resultado. Ninguém a vira e muito menos ela atendia ao celular.

E, nesse desespero, após ter tentado tudo o que lhe passava pela mente, e já quase a ponto de mobilizar a polícia, eis que Eloísa reapareceu.

– Eloísa, o que aconteceu? Onde você esteve? Estou desesperado com o seu desaparecimento repentino, sem avisar. Onde estava, Eloísa? Tínhamos combinado de ir ao médico!

A mulher não respondia, apenas se limitando a olhá-lo de maneira estranha.

– Fale, Eloísa! Está sentindo alguma coisa?

Nesse momento, a razão pareceu ter retornado a ela, e lhe respondeu:

– Estou cansada. Muito cansada. Vou tomar um banho e deitar. Deixe-me a sós, por favor.

– Mas...

– Não discuta, Mário. Não quero conversar com você hoje.

E, sem dizer mais nada, subiu as escadas rumo ao quarto. Tomou um banho e trancou-se num dos quartos de hóspedes.

E foi, a partir desses acontecimentos, que Eloísa passou a agir de forma tão estranha com o doutor Mário.

12
MADAME SORAYDE II

Após terminar de atender Henrique, Madame Sorayde perguntou:

– Quem será o próximo agora?

– Eu – respondeu seu Gonçalo.

– O senhor deverá sentar-se aqui nesta

poltrona e fazer exatamente o que pedi a Henrique.

O homem sentou-se no lugar indicado, dizendo à mulher:

— Madame Sorayde, a senhora poderia me responder a uma pergunta?

— Com todo o prazer, senhor.

— Por que a senhora mentiu para nós quando nos encontrou à porta?

— Oh, sim. Realmente, eu menti, mas foi para minha própria segurança. Eu moro aqui ao lado, vi quando os senhores estavam apertando a campainha e temi pela minha segurança. Afinal de contas, a cidade se encontra vazia e resolvi verificar quem eram. Quando os vi mais de perto, e conversamos, achei que poderia confiar.

— Diga-me uma coisa, Madame: a senhora pode cobrar pelo que faz?

— Sim, desde que eu não prometa nenhuma cura a ninguém. Isso, pelo que sei, está na lei.

– Sim, sim. Mas nós também mentimos para a senhora.

O semblante da mulher se modificou, tornando-se pálida e amedrontada.

– Os senhores são assaltantes?

– Não, a senhora pode ficar descansada – respondeu seu Gonçalo. – Eu sou empresário e este é meu cunhado, que é médico. O moço aqui é um amigo da família.

– E o que foi que mentiram para mim?

– Nós mentimos – respondeu Mário – quando lhe dissemos que tínhamos vindo aqui para saber sobre o nosso passado.

– E não vieram? Então, o que querem de mim?

– Apenas uma informação.

– E se eu não lhes der?

– Bem – respondeu agora seu Gonçalo –, se não nos der, chamarei o doutor Tavares.

– Doutor Tavares? E quem é esse tal de doutor Tavares?

– Um grande amigo meu.

– Um grande amigo seu... E o que ele tem de tão especial?

– Ele, além de ser um grande amigo, é delegado de polícia.

– Não estou entendendo. Já lhes disse que não cometo nenhum crime.

– Depende, senhora. Se atender alguém que venha a adoecer por causa do que aqui acontecer, a senhora terá culpa, sim, principalmente se essa pessoa acabar perdendo o juízo, se começar a enlouquecer.

– Mas do que o senhor está falando? E que informação é essa que querem que eu lhes dê? – perguntou a mulher, agora sem a segurança que demonstrara até há poucos segundos.

Henrique fez um sinal aos dois e tomou a

palavra, desta feita, tendo, ao seu lado, Pai Sebastião, que lhe aplicava passes e o inspirava.

– Minha senhora, eu sou espírita e possuo um razoável conhecimento sobre o Espiritismo. Sou médium e sei que o que a senhora pratica não tem nada a ver com regressão de memória. Isso que a senhora pratica se chama charlatanismo.

– Como ousa dizer-me isso? Estou neste ramo há muito tempo.

– Mais uma razão para a senhora me ouvir com muita atenção, senhora Sorayde.

A mulher, percebendo que o moço lha falava com conhecimento de causa, resolveu ouvir calada o que ele tinha a lhe dizer.

– Pode falar. Vou ouvi-lo com atenção.

– Muito bem. Nós não viemos aqui para denunciá-la à polícia, mas devo alertá-la que o que a senhora faz pode vir a prejudicar muita gente, principalmente a senhora, dona Sorayde, porque, se alguma tragédia vier a acontecer, a senhora será responsável por isso. Talvez a justiça dos homens não a alcance, mas a de Deus, com toda a certeza.

– Compreendo, mas nunca prejudiquei ninguém.

– Isso eu não afirmaria à senhora e vou lhe explicar. Sei como tudo funciona. As pessoas vêm aqui e a senhora lhes diz o que elas gostariam de ouvir. Diz que foram princesas, rainhas, sábios, enfim, satisfaz o ego dessas criaturas, a vaidade pessoal de cada uma. Certo?

– Sim, mas as faço felizes.

– A maioria, sim. Mas não está sendo o caso de uma mulher que acreditamos ter procurado a senhora há cerca de um pouco mais de uma semana, pois foi encontrado o seu cartão de visitas com ela.

– Muitas pessoas podem ter o meu cartão e nunca terem vindo aqui.

– Minha senhora, por favor, colabore conosco. Este senhor, o doutor Mário, está em vias de uma separação com a esposa e, talvez, até mesmo uma internação psiquiátrica dela, simplesmente porque ela veio aqui.

– E foi por causa de alguma coisa que eu lhe relatei?

– Infelizmente, não, porque se simplesmente a senhora tivesse lhe falado o que costuma dizer a todos, isso não teria acontecido.

– Mas o que aconteceu, então?

– Eu vou lhe explanar o que ocorreu, mas antes gostaria que me respondesse a uma única pergunta. E, por favor, tente lembrar-se e somente me conte a verdade porque o doutor Mário pode não conseguir resolver essa questão com sua esposa, ela se encontra profundamente abalada, e acredito que até mesmo obsediada por um Espírito infeliz que se compraz em prejudicar o próximo,...

– Espírito do mal?!

– Isso mesmo, senhora. E o doutor Mário, se algo de grave acontecer com sua esposa, não pensará duas vezes em chamá-la aos tribunais.

– Aos tribunais?! Mas... – e a mulher não conseguiu terminar a frase, tão assustada acabara ficando ao ouvir Henrique. – Bem o que vocês querem saber, afinal de contas? Vou colaborar.

– Gostaria que a senhora tentasse se lembrar de uma senhora que veio aqui, como já lhe disse, há cerca de um pouco mais de uma semana e que tenha acontecido alguma coisa diferente, digamos, uma reação inesperada para a senhora.

Madame Sorayde pensou um pouco se deveria lhe contar, até que resolveu:

– Lembro-me, sim.

– E o que aconteceu? Eu preciso saber para poder ajudá-la. Por favor.

– Há mais ou menos esse tempo que você me disse, esteve aqui uma senhora e...

– E...?

– Bem, eu comecei a falar com ela, assim como fiz com você, e fui lhe descrevendo...

– O que a senhora descreveu?

– Não foi nada de mais. Coisas do tipo princesa, rainha, carruagem. Essas coisas.

– E ela?

– O que aconteceu foi que, quando eu terminei a minha fala e lhe disse que poderia abrir os olhos, ela não os abriu. Eu lhe falei novamente, mas ela não dava sinal de que me ouvia, começou a ter alguns espasmos e eu pensei que ela estivesse sofrendo algum ataque epiléptico ou coisa parecida. Mas não era...

– E o que era?

– Bem, eu a sacudi pelos ombros, ordenando que acordasse, porém percebi que ela se encontrava em transe. Não sei se ela se concentrou muito quando eu lhe disse para se sentir calma, cada vez mais calma, em paz... sei lá...

– E a senhora não conseguiu acordá-la?

– Ela acordou, mas em desespero, em prantos e começou a gritar: "Meu marido, não! Meu marido, não!"

Doutor Mário, impressionado, mas sem nada entender, levou o rosto às mãos e começou a chorar, tendo de ser amparado por Gonçalo.

– E depois? – perguntou Henrique.

– Saiu correndo desta sala, saiu pela porta e desceu a escadaria em desabalada carreira. Eu saí atrás dela, chamando-a, mas não consegui alcançá-la, pois já havia atravessado a rua, quase sendo atropelada.

– E agora, Henrique?! O que podemos fazer por ela?! Ela deve estar em transe ainda!

– Tenha calma, Dr. Mário. Nós vamos conseguir ajudá-la. Tenha fé em Deus e nos bons Espíritos. Vamos tirá-la dessa situação.

– Tomara, meu Deus – disse o homem, em

desespero. – Tomara. Vamos sair daqui, Gonçalo! Vamos sair daqui!

– Você poderia me explicar o que aconteceu a ela, Henrique?

– Eu vou lhe explicar, senhora. Seu Gonçalo, por favor, desça com o seu cunhado. Eu já vou descer. Tenho de informar algumas coisas a esta senhora.

– Nós o esperaremos, Henrique.

13
MADAME SORAYDE III

Assim que os dois saíram, Henrique iniciou séria conversação com a mulher.

– Madame Sorayde, eu gostaria de lhe aconselhar que parasse com esse tipo de enganação porque, como já lhe disse, a senhora poderá vir a prejudicar muitas pessoas. Se alguém que aqui vier, concentrar-se e, porventura, entrar em sintonia mediúnica com Espíritos que se comprazem em fazer o mal, principalmente se algum desses Espíritos já estiver tendo a intenção de prejudicar, poderá ser influenciado a ter falsas lembranças, envolvendo, por exemplo, familiares numa recordação que venha a causar discórdias e até sentimentos de ódio entre eles. A senhora me entende?

– Entendo, mas esse tipo de trabalho, quer dizer, trabalho sério, existe, não? E isso não poderia acontecer também?

– Se esse trabalho for realizado num local apropriado, com pessoas realmente dispostas a praticar o bem, no sentido de auxiliar a resolver um trauma do paciente, sem a intenção de provocar sensacionalismos ou de despertar curiosidade e brincadeira, haverá a proteção necessária por parte dos bons Espíritos.

– Mas o que faço? Vivo disso.

– Enganar não é trabalho, senhora. Enganar é prejudicar, além do que a senhora pode estar prejudicando qualquer trabalho sério nesse sentido.

Um silêncio se fez até que a mulher disse:

– Vou pensar no que me disse. Já ganhei bastante dinheiro com isso e, quem sabe, deva me aposentar, não?

– Se a senhora resolver por esse caminho, procure fazer o bem, ajudar os mais necessitados, nem que seja apenas com uma palavra de carinho. Pelo menos, já estaria começando a resgatar todos os seus erros. Fique com Deus, senhora.

A mulher baixou a cabeça e disse:

– Vá com Deus, filho.

Henrique, então, saiu da casa e encontrou-se com seu Gonçalo e o Dr. Mário, que o esperavam a poucos metros dali. Entraram no carro e partiram.

– E agora, Henrique? – perguntou Gonçalo.

– Preciso falar com a esposa do doutor Mário, se for possível.

– Vou telefonar para Madalena, avisando-a de que estamos indo para a residência do Mário.

– Faça isso, seu Gonçalo.

O homem, então, fez a ligação e foi Solange quem atendeu.

– Alô! Filha? Estamos indo para a casa do Mário. Henrique quer falar com Eloísa. Hã? Ela está aí?

Gonçalo permaneceu alguns segundos ouvindo o que Solange tinha a lhe dizer e, desligando o telefone celular, informou:

– Minha filha disse que ela se encontra em minha casa e que está mais calma.

– Talvez pelo fato de eu ter saído de casa.

– Creio que deva ser por um outro motivo, doutor.

– Outro motivo? E que motivo seria esse?

– É que, assim que começamos a nos movimentar para ajudá-la, acredito que Espíritos do bem se puseram em campo. Pelo menos é essa a intuição que estou tendo de um "preto velho", mais conhecido por Pai Sebastião.

– "Preto velho"? Pai Sebastião? Não estou entendendo.

– Trata-se de um Espírito para o qual roguei que nos auxiliasse, depois de fazer uma prece a Deus e a Jesus, no mesmo sentido, enquanto estávamos a caminho da casa de Madame Sorayde.

– Os Espíritos estão nos ajudando? Então, o que está acontecendo com minha esposa é mesmo coisa espiritual?

– É isso mesmo, doutor, e, com as bênçãos de Deus, acredito que vamos resolver tudo isso.

– Que Deus o permita – disse o médico, emocionado.

– A propósito, doutor Mário, antes de sua esposa passar a ter esses pensamentos, digamos, estranhos, ela lhe relatou algo que não fosse normal? Visões, sonhos?

– Sim, sonhos.

– O senhor poderia me contar?

– Na verdade, pouco sei sobre o que sonhava, com exceção da primeira vez que me relatou sobre a filha de um feirante, muito bonita, meiga, e que era muito cobiçada pelos homens. Ela disse que, ora via as cenas como se fosse um filme, ora ela parecia fazer parte da história que se desfilava aos seus olhos. Dizia-me que era muito real e que, até por isso, lembrava-se muito bem de todo o desenrolar. Na primeira noite em que teve o sonho, acordou feliz e contou-me sobre isso. Na verdade, nem me lembro direito de tudo. Tenho vivido com a mente muito angustiada.

– Compreendo. E sonhou mais vezes?

– Que eu me lembre, mais duas, mas, nessas duas noites, acordou sobressaltada, gritando, apavorada, e eu apenas tentei acalmá-la da melhor maneira possível e ela não me contou sobre o que tinha sonhado. O que pude perceber é que deve ter sido com a mesma história, talvez continuação dela, como se fosse em capítulos.

– Está ótimo, Dr. Mário.

14
MAIS UM SONHO DE ELOÍSA

Eram quase vinte horas quando Solange resolveu acordar a tia para se alimentar. Ela, a mãe e dona Alba já haviam tomado um lanche horas atrás, e não acordaram Eloísa para que ela descansasse um pouco mais.

Solange, por diversas vezes, tinha ido ao

quarto para verificar se a tia estava bem e notara que dormia tranquilamente, demonstrando claramente isso através de sua expressão calma.

— Meu Deus, Solange, por quanto tempo dormi? Que horas são?

— São quase oito horas da noite, mas não precisa se preocupar. Já telefonei para sua governanta e a avisei de que levarei a senhora, assim que se alimentar e meu pai chegar com Henrique.

— E Mário? – perguntou, desta vez sem se sobressaltar.

— Não sei, tia, mas não se preocupe, porque nada de mal irá lhe acontecer. Confie em mim.

— Eu confio em você – disse a mulher, abraçando-a.

— Sabe, tia, acabei de falar com papai e ele me informou que, dentro de uma hora, aproximadamente, chegará aqui com meu noivo Henrique. Ele é espírita e disse que gostaria de conversar um pouco com a senhora. Pode ser?

– Ele é espírita?

– Isso mesmo. A senhora falou alguma coisa sobre outras vidas, sobre seus sonhos, e penso que ele poderá lhe dar algumas explicações sobre esse assunto.

– Mas como ele está sabendo que eu falei sobre isso com vocês? Mário lhes falou que eu andei tendo pesadelos?

– Tio Mário não falou nada. Apenas imagino que Henrique poderá lhe fazer um grande bem se a senhora quiser tocar nesse assunto – afirmou Solange e, para desviar a atenção da tia, comentou: – Mas estou percebendo que a senhora se encontra mais calma agora. Dormiu bem?

– Dormi, Solange.

Nesse momento, Madalena entrou no quarto.

– Oi, Madalena. Dormi demais. Desculpe-me.

– E dormir não é bom?

– Quando os sonhos são bons, sim.

– E, há pouco, você teve bons sonhos?

– Tive, sim.

– Poderia nos contar, tia?

– Não sei se vou me lembrar de tudo. Sonhei, imaginem, com um "preto velho".

– Com um "preto velho"?

– Sim, imagino até que ele tenha sido um escravo, porque trajava uma roupa daquelas que a gente costuma ver nos filmes e em quadros: calça e camisa brancas. Era muito simpático e possuía um sorriso permanente nos lábios. Tinha também barba, bigode e cabelos brancos.

– A senhora disse que imagina que ele tenha sido um escravo, mas escravos não mais existem. Seria, por acaso, o Espírito de um deles?

– Não sei. Pode ser que sim.

– E vocês conversaram?

— Conversamos muito, quer dizer, foi ele quem mais falou. Eu só fiquei ouvindo.

— E lembra-se do que ele lhe disse?

— Quase nada. Sei que falou sobre Deus, sobre Jesus, sobre a vida, sobre o perdão, o amor para com o próximo. Não saberia dizer uma palavra do que ele me falou, mas tenho a lembrança de que foi sobre esses temas. E eu não me cansava de ouvi-lo. Se pudesse, ficaria ouvindo-o por muito tempo. E fui me tornando leve, calma, e intensa paz pareceu invadir o meu coração.

— Que lindo sonho, tia.

— E o mais interessante ocorreu no momento em que você me acordou.

— E o que foi, Eloísa? – perguntou Madalena.

— Lembro-me de que ele me disse que eu iria acordar e que ele iria orar, rogando a Jesus para que a paz me acompanhasse.

– E daí...? – quis saber Solange.

– Quando ele acabou de me dizer isso, você tocou em mim e me despertou. Como pôde ser isso? Como ele sabia que você ia me acordar?

– Ele ter acabado de dizer que a senhora iria acordar e, no mesmo instante, isso acontecer?

– Sim.

– Imagino que, realmente, a senhora esteve com esse Espírito durante o sono.

15
HENRIQUE ESCLARECE E ENSINA

Mais alguns minutos se passaram, e chegaram à casa de Gonçalo que, tentando evitar algo que viesse a perturbar a conversa de Henrique com Eloísa, pediu ao doutor Mário para aguardar no saguão.

– Boa noite, Eloísa – cumprimentou seu

Gonçalo, que imediatamente apresentou Henrique a ela.

Encontravam-se na sala de estar da casa.

– Solange me falou de você, meu rapaz, e me disse que poderia me ajudar, pois é espírita e médium. Dessa forma, eu me coloco à sua inteira disposição. Já faz mais de uma semana que não consigo nem raciocinar, mas hoje me encontro melhor – disse a mulher, com muita humildade.

Henrique percebeu a presença de Pai Sebastião e de três Espíritos que o acompanhavam, os quatro bastante iluminados, e, mais ao canto, a figura escurecida do Espírito de um homem, devidamente isolado por uma corrente fluídica a fim de não perturbar o ambiente com suas emanações inferiores. Na verdade, era ele quem mais necessitava de auxílio.

– Bem, senhora Eloísa, quero lhe dizer que estamos muito bem amparados neste momento, por Espíritos do bem, trabalhadores incansáveis a serviço de Jesus.

– Graças a Deus – murmurou a mulher.

– Também devo lhe pedir que apenas me ouça, porque necessito lhe esclarecer algumas coisas.

– Ficarei atenta e não farei perguntas, a não ser que me autorize.

– Bem, eu estou vindo da casa de Madame Sorayde.

Eloísa arregalou os olhos, surpresa com o que Henrique lhe dissera.

– Não precisa ficar espantada com isso. Depois, terá mais informações de como cheguei até ela. Por enquanto, eu gostaria de lhe explicar que tudo o que acontece naquela casa não passa de charlatanismo barato. Para resumir, Madame Sorayde, para ganhar dinheiro, é óbvio, atende as pessoas e lhes diz o que elas gostariam de ouvir, ou seja, que, em outras vidas, foram príncipes, princesas, reis, rainhas, grandes conquistadores, fortes guerreiros, sábios, e assim por diante.

Sei o que deve estar pensando, senhora Eloísa, e vou lhe explicar também. Com certeza, quando a senhora lá esteve, sentou-se naquela poltrona e teve uma revelação, não foi? Por favor, responda-me apenas com um sim ou não.

– Sim.

– Para ser bastante breve, vou lhe explicar, apesar de ser um pouco raro, o que pode acontecer com qualquer pessoa, e que foi o que lhe ocorreu: a senhora, desesperada que se encontrava, desejava tanto resolver a sua agonia que, sentando-se naquela poltrona, acreditou fielmente que Madame Sorayde entraria num transe com a senhora. Tanto acreditou que acabou por entrar num transe auto-hipnótico, fenômeno esse que facilmente pode se transformar num transe mediúnico.

Em transe mediúnico, senhora Eloísa, abrimos um largo caminho para recebermos inspirações dos Espíritos, sejam eles superiores ou inferiores, dependendo muito da vibração mental que emitirmos naquele instante. E a da senhora, com certeza, não era das melhores. Concorda?

– Sim.

– Neste momento, senhora Eloísa, não teremos tempo, nem condições de grandes explicações dos porquês das coisas, mas a senhora, se o desejar, poderá estudar e aprender, no que terei imensa satisfação de auxiliá-la. O que queremos agora é auxiliar a um Espírito que vem sofrendo há muito tempo, num misto de sentimentos de amor e ódio e que acabou por envolver a senhora.

E queria lhe pedir que não se impressionasse com o que vou começar a lhe dizer a partir de agora. Não sou nenhum mago, muito menos um bruxo, sou apenas um médium. O que quero dizer com isso é que apenas irei repetir para a senhora o que os Espíritos me inspirarem a dizer. Compreendeu?

– Sim.

Eloísa, a partir desse instante, encontrava-se muito mais tranquila, não somente porque passou a confiar em Henrique, como também pelas equilibradas vibrações que os Espíritos ali presentes lhe endereçavam.

E Henrique, desviando o olhar de Eloísa, dirigiu-o para um ponto mais à direita, como se alguém lá estivesse, e começou a perguntar:

– Qual o seu nome, meu irmão?

Amparado por Pai Sebastião, o Espírito do homem respondeu, e Henrique repetiu em voz alta:

– Anastácio...

Eloísa teve um sobressalto e pediu a mão de Solange para segurar, o que Henrique permitiu com um simples sinal afirmativo com a cabeça.

Voltando o olhar para Eloísa, o rapaz lhe dirigiu a palavra:

– A senhora já ouviu falar nesse nome?

– Sim.

– Sei também que teve alguns sonhos. A senhora viu esse homem em sonho?

– Vi.

– Esse Espírito que se encontra aqui presente, dona Eloísa, possui uma estatura mediana, bastante loiro, inclusive as sobrancelhas e... deixe-me confirmar... manca da perna esquerda. A senhora confirma?

– Sim... – balbuciou a mulher. – Sim – repete, confirmando.

– Ele me contou também que tentou matar o noivo de... Margareth... mas que, antes que conseguisse atirar nele, o pai dessa moça o atingiu, fazendo com que o seu disparo atingisse e matasse a noiva.

Eloísa quase veio a desfalecer, mas foi imediatamente amparada por Solange.

– A senhora gostaria de perguntar alguma coisa? – perguntou-lhe Henrique. – Pode perguntar à vontade. Apenas não desejava que a senhora viesse a falar algum nome que impedisse a oportunidade de lhe mostrar que o que está acontecendo aqui, nesta noite, é sério, verdadeiro, e em nome de Deus e de Jesus. Também quero que creia que o mais necessitado aqui é Anastácio. Ele muito errou por amor, amor possessivo, mas quem de nós não errou, vivendo tantas vidas? A senhora concorda que ele é o mais necessitado?

– Concordo. E gostaria de dizer que eu pouco ou nada entendo sobre essa Doutrina Espírita, apenas o que ouço, e gostaria muito de aprender mais sobre ela, principalmente para poder entender melhor tudo o que me aconteceu. No momento, o que mais me alivia é saber que...

– Que seu marido não é a encarnação de Anastácio?

– Sim.

– Foi essa a revelação que tanto a transtornou quando esteve na casa de Madame Sorayde, não foi?

– Foi. E eu não poderia viver ao lado de um assassino. Henrique, eu fui a Margareth, em outra vida? E meu marido? Seria Bento, o meu noivo? E foi Anastácio quem me fez sonhar e quem me inspirou aquela revelação, quando na casa de Madame Sorayde? Pergunto isso porque, quando lá entrei em... como você diz, transe mediúnico, vi Anastácio transformar-se no Mário, como se quisesse me dizer que assim acontecera.

– Uma resposta de cada vez, dona Solange, mas antes, tenho de agradecer a presença de Pai Sebastião e de seus companheiros, agradecer a Jesus e a Deus por todo auxílio recebido neste dia. Quando partirem, senhora Eloísa, irão levar Anastácio com eles para que ele possa receber um tratamento mais adequado. Ele se encontra

175

muito debilitado e, graças a Deus, mais compreensivo.

– Você disse Pai Sebastião? Por acaso, trata-se de um "preto velho", Espírito de um escravo?

– Sim, por quê?

– Então, foi com ele que eu sonhei agora há pouco – declarou a mulher, olhando para Solange e Madalena, que lhe sorriam, diante de sua grande alegria. – Quer dizer, encontrei-me com ele. Foi tão bom comigo, dizendo-me palavras que muito me acalmaram.

– Com certeza foi ele mesmo, dona Eloísa.

Agora, quanto às suas perguntas, posso lhe confirmar que Anastácio foi o responsável por, mediunicamente, fazer com que a senhora sonhasse tudo aquilo. Quanto ao fato de a senhora ter sido Margareth e seu marido o Bento, eu posso lhe afirmar, inspirado que estou sendo por um dos Espíritos aqui presentes, que a senhora e seu marido não foram nenhum dos personagens do seu sonho.

– Mas por que isso aconteceu?

– Eu vou tentar lhe explicar: Anastácio, depois de desencarnar, até pelo fato de ter tido por Margareth um amor doentio, entrou num estado de profundo trauma psíquico, tornando-se um dementado sofredor, encarcerando-se na ideia fixa de sua paixão pela moça e não conseguindo se desvencilhar dos laços que o prendiam à matéria.

Muitos Espíritos do Bem tentaram, infrutiferamente, resgatá-lo, a fim de levá-lo a um tratamento necessário para sua mente transtornada. Mas ele vivia à procura de sua amada, não conseguindo encontrá-la porque as vibrações positivas dela não o permitiam.

E Anastácio, nessa sua perambulação sem fim e sem destino, não suportava a visão de qualquer casal feliz que encontrasse nesse seu desgovernado caminho. Isso, dona Eloísa, não tem nada de estranho, pois vem a acontecer até mesmo com os Espíritos encarnados, caso típico dos assassinos em série de que se têm notícia

Ele, então, nessa loucura, como acabei de dizer, tinha verdadeiro ódio quando se deparava com uma família bem estruturada e tentava, de todas as formas, criar obstáculos a fim de destruí-la.

No caso de vocês, quase conseguiu chegar a termo, através do contato que teve com a senhora, no que denominamos de emancipação do Espírito, durante o sono. A história que a senhora viveu nesse sonho era a dele.

– Mas por que – perguntou Eloísa – isso aconteceu conosco? Que culpa tínhamos para ele nos escolher como vítimas?

– Com certeza, dona Eloísa, porque, numa vida pregressa, vocês devam ter contraído algum débito ligado a um caso dessa natureza, o que foi o suficiente para entrar em sintonia com ele. Mas a senhora não deve se preocupar mais com isso. Certamente, este acontecimento atual deverá ter uma boa consequência para ambos. Para a senhora e para o doutor Mário.

– Uma boa consequência?

– Sim, afinal de contas, tomaram ciência de algo que, em muito, virá auxiliá-los e a tantos outros irmãos necessitados.

– Você se refere às obras assistenciais?

– A senhora sabe...

– E se nós não tivéssemos tido o auxílio de vocês, dos Espíritos? O que nos aconteceria?

– Deus não desampara nunca nenhum de Seus filhos e, certamente, outra solução lhes viria em socorro.

E, após breve silêncio, Henrique continuou:

– De qualquer forma, o mais importante agora é que procure não mais se preocupar com o acontecido, mais notadamente sobre o que lhe disse a respeito de que, provavelmente, a senhora e seu marido tivessem contraído algum débito. Afinal de contas, quem de nós não o tem? E não queira ter conhecimento do que seja.

Se Deus nos deu a dádiva do esquecimento, devemos apenas agradecer-Lhe por isso. Portanto, procure esquecer todo esse pesadelo por que passou.

– Vou conseguir?

– Pai Sebastião me diz que sabe de uma receita infalível.

– Uma receita? E qual seria?

– O trabalho no bem, em todos os sentidos. Diz ele que Deus, para facilitar a vida dos Espíritos encarnados na Terra, criou o trabalho. Um trabalho que qualquer criatura pode desenvolver, independentemente da situação que esteja vivendo, pois até mesmo aquele que pouco possui de bens materiais tem o que oferecer no auxílio aos mais necessitados. Até um simples sorriso é um trabalho a serviço de Jesus.

– Você tem razão, meu bom rapaz. Ainda necessito aprender muito. Sinto-me aliviada e muito feliz. E ainda preciso de mais um favor, agora de Gonçalo.

– Pois peça – disse o cunhado, sorrindo.

– Você poderia localizar o meu marido? Preciso muito conversar com ele. Pobre Mário... Até o expulsei de casa...

16
UM DIA E UMA NOITE
(21h00)

A EMOÇÃO FOI GRANDE. Eloísa atirou-se nos braços do marido, pedindo-lhe perdão por todo o sofrimento que lhe causara, convidando-o a se sentar com ela no sofá, e passou a contar, resumidamente, tudo o que acontecera. Narrou-lhe desde a história dos sonhos que tivera até o desfecho, naquela mesma sala, quando Henrique, inspirado pelos Espíritos, explicara-lhe a razão de tudo.

– Henrique e Gonçalo – disse o Dr. Mário, emocionado –, agradeço-lhes de coração por tudo o que fizeram por mim nestas poucas horas do dia e da noite. Com certeza, trouxeram a alegria de volta, a mim e a Eloísa.

– Pouco fiz, doutor – respondeu Henrique.

– Agradeça a Deus, a Jesus e aos Espíritos que nos inspiraram.

– Ao Pai Sebastião, não é, Henrique? – perguntou Eloísa.

– E aos que o acompanharam nesse auxílio e que se utilizaram das boas vibrações de vocês, Espíritos encarnados, pois se mantiveram com o coração voltado para que tudo se resolvesse a contento.

Um pequeno silêncio se fez até que Mário se pronunciou, dirigindo-se à esposa:

– Bem, creio que está na hora de irmos, não, Eloísa?

– Vamos, sim. Para a nossa casa.

E o casal se despediu, sendo acompanhado por Gonçalo e Madalena até o saguão de entrada da casa, permanecendo na sala apenas Solange, Henrique e dona Alba.

– Parece que este nosso dia foi curto demais, não, Henrique? Apenas almoçamos juntos. Imaginei que teríamos a tarde toda para conversar ou até para dar um passeio.

– Estou muito satisfeito, Solange, afinal de contas, tive a oportunidade de ajudar um casal angustiado.

Nesse instante, os pais de Solange retornaram a casa, encontrando Henrique e dona Alba no *hall* de saída.

– Vocês já vão? Por favor, fiquem mais um pouco – pediu Madalena.

– Temos que ir e agradecemos pelo almoço – disse dona Alba.

– Nós lhe agradecemos de todo o coração, Henrique, o que fez pelo meu cunhado e por Eloísa. Que Deus o abençoe.

– Bem – disse dona Madalena –, temos que marcar outro almoço para podermos realmente conversar a respeito do casamento de nossos filhos, não, Alba?

– Precisamos, sim – respondeu sorrindo a mãe de Henrique.

– E tudo se resolveu em pouquíssimo tempo, não é? – concluiu seu Gonçalo, referindo-se ao problema de Mário e Eloísa.

– É verdade – respondeu Solange, olhando agradecida para Henrique. – Em apenas uma parte do dia e outra da noite.

FIM

No ano de 1963, **FRANCISCO CÂNDIDO XAVIER** ofereceu, a um grupo de voluntários, o entusiasmo e a tarefa de fundarem um Anuário Espírita. Nascia, então, o Instituto de Difusão Espírita - IDE, cujo nome e sigla foram também sugeridos por ele.

A partir daí, muitos títulos foram sendo editados e o Instituto de Difusão Espírita, entidade assistencial, sem fins lucrativos, mantém-se fiel à sua finalidade de divulgar a Doutrina Espírita através da IDE Editora, tendo como foco principal as Obras Básicas da Codificação, sempre a preços populares, além dos seus mais de 300 títulos em português e espanhol, muitos psicografados por Chico Xavier

O Instituto de Difusão Espírita conta também com outras frentes de trabalho, voltadas à assistência e promoção social, como o Albergue Noturno, evangelização, alfabetização, orientação para mães e gestantes, oficinas de enxovais para recém-nascidos, entrega de leite em pó, vestuário e cestas básicas, assistência médica, farmacêutica, odontológica, tudo gratuitamente.

Este e outros livros da **IDE Editora** subsidiam a manutenção do baixíssimo preço das **Obras Básicas, de Allan Kardec**, mais notadamente, "**O Evangelho Segundo o Espiritismo**", edição econômica.

coleção temática

UM DIA E UMA NOITE

WILSON FRUNGILO JR.

*Esta coleção contém histórias
independentes e personagens distintos,
não possuindo sequência entre elas.*

A VIDA TEM O PODER DE NOS SERVIR COM SEUS DIAS, COM SEU PRECIOSO TEMPO, E MUITA COISA PODE ACONTECER EM POUCAS HORAS.

TÍTULOS DA COLEÇÃO

O Amanhã Começa Hoje •

Madame Sorayde •

A Jovem Misteriosa •

O Grande Truque •

Uma Casa Bem-Assombrada •

OUTRAS OBRAS DO AUTOR ▶ WILSON FRUNGILO JR.

Uma Declaração de Amor

Tales e Nelly são os personagens.

Juntos, durante anos, protagonizaram uma vida de amor na qual, de mãos dadas, venceram todas as dificuldades e viveram felizes. Mas a repentina morte de Nelly foi um forte abalo para Tales, criando um grande vazio em seu coração.

A imensa saudade da esposa teimava em arrefecer-lhe o ânimo e o entusiasmo pela vida, mas sustentado por enorme esperança, não aceitou que a morte os tivesse separado. O grande amor que os unia, com certeza, teria forças para derrotá-la.

Apesar de Nelly estar agora na dimensão espiritual da vida, e ele, na dimensão da Terra, passaram a encontrar-se e a compartilharem momentos de muita alegria.

Na verdade, eles não enganaram a morte, apenas acreditaram na vida e na certeza de que é possível o reencontro entre duas almas, momentaneamente separadas por dimensões diferentes, mas fortemente ligadas pelas emoções da mais pura e verdadeira afeição.

E este é o tema desta bela e emocionante história de amor, deixando-nos a certeza de que um grande sentimento nem mesmo a morte consegue apagar. Uma história que, por si só, já significa uma autêntica e terna declaração de amor.

Os Fios do Tear

Uma descoberta... Uma reviravolta...

No momento em que Selma acreditava que sua vida caminhava para a tão almejada felicidade, veio a descobrir que, literalmente, batia em portas e janelas trancafiadas. Ela tentou, sim, arrombar uma delas, e conseguiu, mas o que encontrou foi a certeza de que, onde ela acreditava existir um sentimento verdadeiro, existia o vazio, como agora se encontrava a casa de seu grande amor...

Honesta e possuidora de um ingênuo e bondoso coração, tornou-se uma fugitiva, lutou pela sobrevivência e, em meio a diversos atropelos e mudanças, deparou-se com pessoas que, assim como ela, enfrentavam as adversidades da vida da melhor maneira que conseguiam, e foi dessa forma que se deu o seu encontro com Rodrigo, um menino de rua que despertou, através de seu olhar, uma familiaridade peculiar àqueles que se conhecem há muito; também com as prostitutas que, já na prisão, Selma descobriu serem mulheres de extrema sensibilidade.

Além desses encontros, muitos outros ocorreram, traçando o destino daqueles que, independente da situação em que se encontravam, deviam percorrer a mesma estrada.

www.ideeditora.com.br

Conheça mais sobre a Doutrina Espírita através das obras de **Allan Kardec**

www.ideeditora.com.br

ideeditora.com.br

✳✳✳

Acesse e cadastre-se para receber
informações sobre nossos lançamentos.

twitter.com/ideeditora
facebook.com/ide.editora
editorial@ideeditora.com.br

ide

IDE Editora é apenas um nome fantasia utilizado pelo INSTITUTO DE DIFUSÃO ESPÍRITA, entidade sem fins lucrativos, que promove extenso programa de assistência social, e que detém os direitos autorais desta obra.